Elfriede Hammerl • Das muss gesagt werden

Elfriede Hammerl

Das muss gesagt werden

Kolumnen

K&S

www.kremayr-scheriau.at

ISBN 978-3-218-01235-5

Schutzumschlaggestaltung: Christine Fischer
Unter Verwendung eines Fotos von Philipp Horak
Typografische Gestaltung und Satz: Sophie Gudenus, Wien
Lektorat: Marilies Jagsch
Druck und Bindung: Finidr, s.r.o., Czech Republic

Gedruckt mit freundlicher Unterstützung
durch die Kulturabteilung der Stadt Wien

Stadt Wien

Ich widme dieses Buch
meiner Mutter Maria Hammerl-Brünner,
die vielen Widerständen zum Trotz
unbeirrbar dafür gesorgt hat, dass ich mein Leben
nach meinen Vorstellungen gestalten konnte.
Und ich widme es Willi Pellert, den ich
ihr gerne vorgestellt hätte.

Ich bin nicht mutig

Kann es sein, dass das Risiko zivilcouragierten Auftretens allgemein überschätzt wird?

Manchmal, wenn ich etwas schreibe, was dem angeblichen Meinungsmainstream entschieden widerspricht, kriege ich anerkennende E-Mails, die mich für meinen Mut loben.

Ich gebe zu, dass ich gern gelobt werde. Lob wärmt mein Herz und tut meiner Eitelkeit gut, aber im Hinterkopf sitzt mir gleichzeitig beharrlich das Wissen, dass ich weder Lob noch Dank verdiene. Ich übe ja nur meinen Beruf aus. Er bietet mir die Möglichkeit, mich öffentlich zu Wort zu melden. Ich muss keinerlei Hürden überwinden, um meine Meinung publik zu machen (wenn man von den Mühen des Formulierens – oh ja, die gibt es – absieht). Vor allem aber: Ich begebe mich damit nicht in Gefahr.

In den Zuschriften steht jedoch: Bleiben Sie so mutig! – Bin ich mutig? Ich weiß es nicht. Mein Mut wird nicht wirklich gefordert. Ich muss nicht mutig sein, um – in einem demokratischen Land, das mir Meinungsfreiheit garantiert,– für Menschenrechte einzutreten. Ich hoffe, dass ich mich auch unter schwierigeren Bedingungen dafür einsetzen würde, aber meine Risikobereitschaft wurde bis jetzt nicht hart geprüft.

Ich habe zudem das Glück, für eine Zeitschrift zu schreiben, die mir ebenfalls meine freie Meinung lässt. Was würde ich tun, wenn ich bei einer Zeitung arbeitete, die mich zur Einhaltung einer xenophoben Blattlinie (schwer vorstellbar, ich weiß, aber sowas soll vorkommen) verdonnerte? Lieber die Kündigung riskieren? Freiwillig weggehen? Das heißt, in Zeiten wie diesen einen sicheren Arbeitsplatz aufs Spiel setzen oder gar von selber aufgeben? Die Vorstellung, dass ich bei so einer Zeitung bleiben und dort mit anhaltendem Widerstand dem Herausgeber Paroli bieten könnte, wenn ich ihn nicht gar mental umkrempelte, wäre zwar gut als Ausgangsidee für einen bewegenden Film, entbehrt aber jeder realistischen Grundlage.

Andererseits ist ein Arbeitsplatz natürlich kein Schicksal, das sich der persönlichen Gestaltung entzieht. Kein Journalist, keine Journalistin wird gezwungen, sich dem Boulevard zu verschreiben, und wer eine Karriere wählt, bei der ihm ein flexibles Gewissen mit viel Geld abgegolten wird, soll sich nicht auf existenzielle Notwendigkeiten ausreden. Konsequent bei der eigenen Meinung zu bleiben, bedeutet unter Umständen materielle Einbußen und einen Verzicht auf Machtpositionen, das schon. Aber es lebt sich auch ganz komfortabel, wenn man sich, wie es so schön heißt, morgens in den Spiegel schauen kann.

Daher: Anstand erfordert, jedenfalls hier und heute, keinen besonderen Mut. Wir sind nicht gleich an Leib und Leben bedroht, wenn wir nicht mit den Wölfen heulen. Wir müssen nicht unter die Brücke ziehen, betteln gehen, auswandern, nur weil wir uns auf die Seite von jemand Schwächerem gestellt, missachtete Rechte eingemahnt, nicht blindlings vor den Einflussreichen gekuscht haben. Kann es sein, dass das Risiko zivilcouragierten Auftretens ganz allgemein ein wenig überschätzt wird?

Ich habe viel Verständnis für das Bedürfnis nach Harmonie. Ich habe wenig übrig für die Konfliktsuchenden, die ständig kampfbereit sind, um sich zu profilieren. Ich reiße mich nicht darum, mich unbeliebt zu machen. Aber, so viel zur Beruhigung aller ähnlichen Gemüter: Gelegentliches Unbeliebtsein aus ehrbaren Gründen ist aushaltbar.

Erbtante

Januar
18
2010

Alt. Frau. Alleinstehend. Hat sich nicht fortgepflanzt. Eine Witzfigur. Oder?

„Wenn dann noch die Erbtante zu Besuch kommt, muss es daheim eben was gleichschauen, ganz gleich, wie verdient die Feiertagsruhe der Mistkübler sein mag. Man stelle sich nur vor: Die Pensionssicherung ist im Anmarsch, während ihre originellen Gaben (...) mit unübersehbarer Koketterie aus dem Container schauen." Dieser launige Text erschien kürzlich auf Seite eins einer österreichischen Tageszeitung.[1] Unter dem Titel „Müll und Erbe" wurde darin erklärt, warum das Funktionieren der Müllabfuhr zu den Weihnachtsfeiertagen so wichtig ist: damit die Erbtante nicht merkt, wo ihre Geschenke gelandet sind.

Der Autor hat sich sicherlich nichts dabei gedacht. Außer vielleicht das: Erbtanten sind keine Menschen, sondern eine wandelnde Pensionssicherung, deren Geschenke in den Mist gehören. Schließlich kommen sie von einer, die – hätte sie nichts zum Vererben – ebenfalls entsorgt werden müsste (emotional ist sie offenbar eh schon abgeschrieben).

Mit einem solchen Gedankengang stünde er jedenfalls nicht allein da. Alte Tanten (und Erbtanten sind alt, weil man sonst nicht damit rechnen könnte, dass man sie überlebt und beerbt) sind traditionell eine Zielscheibe für grausamen Spott.

Erbtanten sind Witzfiguren. Sie sind lächerlich. Sie sind verachtenswert. Verachtet werden sie aus folgenden Grün-

1 Der Standard, 28.12.2009

den: Sie sind alt. Sie sind Frauen. Sie sind alleinstehend. Sie haben sich nicht fortgepflanzt. Alle diese Merkmale sind, scheint's, bis heute Grund genug, sie als Missgriff der Natur zu betrachten. Missgriff auch deswegen, weil sie ärgerlicherweise über Geld verfügen, das alten, allein lebenden Frauen eigentlich nicht zusteht, sondern bei feschen, jungen, fortpflanzungswilligen Menschen viel besser aufgehoben wäre. (Na ja, vielleicht nicht aufgehoben. Sondern von feschen etc. Menschen besser ausgegeben. Wie auch immer.) Die Verachtung, die man Erbtanten entgegenbringt, ist also zum Teil auch vom Ärger darüber diktiert, dass sie Geld haben, das erst nach ihrem Ableben verfügbar sein wird, vom Ärger darüber, dass es dereinst vielleicht doch nicht geerbt wird, wenn man der Erbtante die Verachtung zeigt, die man für sie empfindet, und vom Ärger darüber, dass die Alte nicht und nicht abkratzen will. So schaut das Verhältnis zur Erbtante aus.

Und weil sie so verachtenswert und ärgererregend ist, die Erbtante, ist es moralisch nicht nur zulässig, sondern geradezu geboten, ihr gegenüber zu heucheln und zu lügen, ihr eine Wertschätzung vorzuspielen, an die niemand glaubt (vermutlich nicht einmal sie selber), und sie dadurch noch einmal zum Gespött der Umgebung zu machen, weil sie in dem heuchlerischen Schauspiel die Rolle der ahnungslosen Idiotin zu spielen hat, auch wenn sie es durchschaut.

Zugegeben: Die Karikatur der Erbtante, so wie man sie automatisch vor Augen hat, wenn das Stichwort fällt – eine lächerlich gewandete Schabracke mit gebieterischem Auftreten –, ist vielleicht ein wenig unzeitgemäß, aber im moderneren Styling gibt es sie nach wie vor, die gut verdienende Junggesellin mittleren Alters beispielsweise, deren Neffen und Nichten erwarten, dass Tantchen die Spendierhosen anhat, wenn man sie kontaktiert, und die durchaus damit spekulieren, dass sie ihr Gerschtl, Gott behüte, nicht unnötig mit flotten Liebhabern verjuxt, ehe sie den Löffel abgibt.

Ja, schon klar, es gibt auch (Erb-)Tanten, die geliebt und geschätzt werden. Und natürlich spricht im Prinzip nichts dagegen, liebenswerten Nichten und Neffen finanziell unter die Arme zu greifen, wenn man dazu in der Lage ist. Aber die Selbstverständlichkeit, mit der jüngere Menschen oft das physische Ablaufdatum älterer Angehöriger in ihre ökonomischen Überlegungen einbeziehen, die irritiert.

„Wenn das Haus von der Tante Rosa einmal uns gehört …“ Leuchtenden Blicks dahingesagt, zukunftsfroh.

Wenn das Haus von der Tante Rosa einmal euch gehört, liebe Leute, dann ist die Tante Rosa tot. Te-o-te. Ist euch das bewusst? Und falls ja, ist es euch wurscht? Und falls ja, warum? Weil die Tante Rosa bloß eine potenzielle Geldquelle auf zwei Haxen ist, die erst genützt werden kann, sobald sie die Haxen streckt?

Ach, ihr Erbtanten alle, überlegt euch gut, wofür ihr euch entscheidet, fürs Vererben oder fürs Verjuxen! Verjuxen ist nicht die übelste Option, eine schlechte Nachred’ habt ihr sowieso.

Gemütsbewegung

Januar
25
2010

Scheidungsabsichten sind halt riskant. Vor allem, wenn der Mann Ausländer ist. Sagt das Gericht.

Jüngst passiert: Ein Mann greift zum Messer, weil sich seine Frau von ihm scheiden lassen will. Er sticht sie mehrmals in Kopf, Brust und Hals. Danach attackiert er die lebensgefährlich Verletzte mit einem Stahlrohr, ehe sich einer seiner Söhne schützend vor die Mutter wirft. Der Mann kommt vor Gericht. Angeklagt wird er nicht wegen Mordversuchs, sondern wegen Totschlags. Er habe, befindet der Staatsanwalt, in einer „allgemein begreiflichen, heftigen Gemütsbewegung gehandelt".

Das allein wäre zwar einerseits empörend, aber andererseits so verblüffend auch wiederum nicht. Gewalttäter können hierzulande mit einem gewissen Verständnis rechnen, wenn sie Trennungsabsichten der von ihnen terrorisierten Ehefrau mit Attacken auf Leib und Leben der Unbotmäßigen quittieren. Der Mann habe die Frau eben abgöttisch geliebt, heißt es dann in den Medien, und darum die Vorstellung nicht ertragen, ohne sie weiterzuleben. (Dass er erst recht ohne sie weiterleben muss, nachdem er sie umgebracht hat, steht erstaunlicherweise nicht zur Debatte, ebenso wenig wie die Frage, warum er ihr das Leben nimmt, wenn doch angeblich seins nicht mehr erträglich für ihn ist.)

Allgemein begreifliche Gemütsbewegung also. Wird zwar allgemein begriffen, fließt aber vielleicht nicht so offenkundig in Urteilsbegründungen ein, normalerweise.

Doch in diesem jüngsten Fall ist der Täter, ach so, zwar österreichischer Staatsbürger, jedoch türkischer Herkunft.

Und deshalb begründet der Staatsanwalt dessen allgemein begreifliche Erregung mit dem Migrationshintergrund des Mannes. Wörtlich: „Gerade Ausländer oder Personen mit Migrationshintergrund befinden sich häufig in besonders schwierigen Lebenssituationen, die sich, auch begünstigt durch die Art ihrer Herkunft, in einem Affekt entladen können. Obwohl Affekte von Ausländern in Sittenvorstellungen wurzeln können, die österreichischen Staatsbürgern mit längerem Aufenthalt fremd sind, können sie noch allgemein begreiflich sein."

Ja dann. Eh klar. Andere Sittenvorstellungen. Schwierige Lebenssituation des Migranten. Spielt zwar bei Eigentumsdelikten keine Rolle (Recht muss Recht bleiben), wird aber berücksichtigt, wenn einer seine Frau absticht.

Was letztlich ausschlaggebend war für dieses Urteil, das derzeit für heftige Debatten sorgt – der Sexismus der Urteilenden oder ihre Einschätzung von Ausländern als Menschenschlag mit speziellen Sittenvorstellungen –, wird nicht geklärt werden können. Vielleicht sind sie ja grundsätzlich der Ansicht, dass eine, die sich scheiden lassen will, zu Recht ein hohes Risiko eingeht, und haben mit klammheimlicher Befriedigung eine Gelegenheit gesehen, ihrer Auffassung wenigstens über den Umweg der kulturellen Rücksichtnahme zu Rechtsgültigkeit zu verhelfen. Grob gesagt: Vielleicht war der Verweis auf die Ethnie des Täters ja nur eine faule Ausred' dafür, dass es nach Ansicht der Richtenden grundsätzlich eine Provokation ist, wenn eine Frau sich scheiden lassen will.

Oder aber es steht hinter dem Urteil vor allem eine massive Verachtung ausländischen Menschen gegenüber, derzufolge einzukalkulieren und zu billigen sei, dass in diesen Kreisen ein Frauenleben nicht viel wert ist.

Wie auch immer, die Wirkung dieses Urteils ist fatal, weil

es genau das alles signalisiert: Frauen, die sich von Männern trennen, müssen wissen, dass sie sich in Gefahr begeben. Männer aus dem Ausland sind gefährlich. Und: Deren Frauen sollen sich besser damit abfinden, dass der österreichische Staat im Zweifelsfall auf der Seite ihrer Männer steht.

Das alles arbeitet jenen in die Hände, die nicht nur immer schon gewusst haben und predigen, dass alle Fremden (potenzielle) Verbrecher sind, sondern die auch gern behaupten, dass unser Rechtssystem in Gefahr ist, den Sittenvorstellungen der Zuwandernden geopfert zu werden. Diese These verliert durch das genannte Urteil leider ein wenig von ihrem paranoiden Charakter, denn tatsächlich könnte man es als Initiierung eines Parallelrechts für bestimmte Bevölkerungsgruppen sehen. Und natürlich stellte sich angesichts eines solchen Parallelrechts die Frage, ob und wie schnell es sich auf die übrige Bevölkerung erstreckt.

Von der Justizministerin verlautet in diesem Zusammenhang wenig Beruhigendes. Sie ließ über eine Sprecherin ausrichten, dass es ein Skandal wäre, in die unabhängige Justiz einzugreifen. Im Übrigen gebe es keine Bevorzugung von Frauen. Und es gebe auch Gewalt gegen Männer.

Wie bitte? Ein Mann sticht seine Frau fast ab, weil sie sich (wegen seiner Gewalttätigkeit) von ihm trennen will, findet vor Gericht Verständnis, weil er als gebürtiger Türke andere Sittenvorstellungen habe, und alles, was der Frau Justizministerin dazu einfällt, ist, dass man Frauen nicht bevorzugen dürfe und dass es auch Gewalt gegen Männer gebe?

Na servas. Das schafft Vertrauen. Sie möchten nicht bedroht, nicht attackiert, nicht getötet werden? Als Frau? Woher nehmen Sie die Chuzpe, solche Ansprüche zu stellen? Halten Sie sich für was Besseres? Ein Messer zwischen den Rippen, ach was. Glauben Sie, das passiert nur Ihnen?

Adoptivtochter

April
12
2010

Sexuelle Grenzüberschreitungen bewunderter Männer gelten nach wie vor nicht als Unrecht.

Woody Allen war vor Kurzem in Wien. Mit Ehefrau Soon-Yi. Die Zeitungen schrieben: „Woody Allen mit Ehefrau Soon-Yi, der Adoptivtochter seiner Ex-Frau Mia Farrow." So lautet die Sprachregelung: Woody Allen hat eine junge Frau, die hat eine Adoptivmutter, die war einmal Woody Allens Frau. Es klingt, als habe Mia Farrows Leben mit Soon-Yi auf einem anderen Planeten stattgefunden als Mia Farrows Leben mit Woody Allen.

Man darf sich das so ausmalen: Woody Allen trifft ein junges Mädchen, findet es sexy, beginnt ein Verhältnis mit ihr, und dann stellt sich – na sowas aber auch – heraus, dass sie zufällig die Adoptivtochter seiner Frau ist! Überraschung!

War es so? Keineswegs. Unabhängig davon, wer welche Papiere für wen unterschrieben hat, haben Woody Allen und Mia Farrow einstens als glückliche Familie mit einem Schüppel Adoptivkinder in den Medien posiert. Eines dieser Kinder war Soon-Yi, von der heute so getan wird, als habe Woody Allen rein gar nichts mit ihr zu tun gehabt, ehe er sie entdeckte und erweckte und was weiß ich noch alles, die Klischees, aus denen man in so einem Fall – dem Fall der sexuellen Initiation eines jungen Mädchens durch einen älteren Mann – wählen kann, sind ja zahlreich.

Rein formal wurde das koreanische Straßenkind Soon-Yi achtjährig tatsächlich nicht von Allen adoptiert, sondern von Mia Farrow und ihrem damaligen Ehemann André Previn. Aber bereits zwei Jahre später war Allen der Mann an

Farrows Seite und damit auch Soon-Yis Stiefvater. Soziale Vaterschaft heißt sowas. Woody Allen mag in dieser Rolle seine Defizite gehabt haben (eigennützig, unzuverlässig und unsensibel sei er als Elternteil gewesen, urteilte der Richter in dem Sorgerechtsprozess, den Allen um seinen leiblichen Sohn und zwei weitere Adoptivkinder führte), aber auch Vätern mit Mängeln wird von ihren (Stief-)Kindern zunächst Vertrauen entgegengebracht. Das liegt in der Natur der Kinder, sofern sie psychisch einigermaßen intakt und nicht bereits auf Misstrauen, Furcht und neurotische Distanz programmiert sind.

Woody Allen hat dieses Vertrauen seiner (Stief-)Kinder seinerzeit mit Füßen getreten, als er eine – moralisch gesehen – inzestuöse Beziehung mit einem – oder besser einer – von ihnen begann. Sein leiblicher Sohn Satchel drückte das Presseberichten zufolge damals so aus: „Man schläft nicht mit der Schwester seines Sohnes." Das heißt, Allen hat nicht nur Soon-Yis Zutrauen missbraucht, indem er von der Rolle ihres Vaters zu der des Liebhabers wechselte (und niemand soll bitte sagen, dass eine Halbwüchsige sich autonom dafür entscheidet, vom Mann ihrer Mutter in die Sexualität eingeführt zu werden), er hat mit diesem Rollenwechsel auch ihre (Adoptiv-)Geschwister verstört, deren familiäre Wahrnehmung plötzlich nicht mehr stimmte.

Schnee von gestern? Ja, der seinerzeitige Skandal, der Allen schon damals mindestens so viel Applaus wie Kritik einbrachte, ist lange her. Allen und Soon-Yi sind inzwischen seit mehreren Jahren verheiratet und haben ihrerseits zwei Kinder adoptiert. Geblieben ist jedoch der Hinweis: „... die Adoptivtochter seiner Ex".

Was steckt dahinter? Neid der Hinweisenden, weil es Woody Allen gelungen ist, die alternde Mutter rechtzeitig gegen die Tochter auszutauschen? Nie nachlassende Häme gegen Mia Farrow, deren plakatives Regenbogen-Familienkonzept durch Allen so grandios zum Scheitern gebracht wurde? Oder geht es nur darum, Allens Rechtschaffenheit zu betonen, die sich eben daraus ableitet, dass er juristisch gesehen nie der Adoptivvater seiner Ehefrau war?

Wie gesagt: interessante Sprachregelung, weil sie wieder einmal zeigt, welche Rolle gesellschaftliches Ansehen spielt, wenn es um die Bewertung von grenzüberschreitendem (Sexual-)Verhalten geht. Woody Allen: reingewaschen von jeglichen Vorwürfen. Roman Polanski: nach allgemeinem Dafürhalten ein Opfer der kunstunverständigen Schweizer Justiz, die nicht begreift, dass man einen großen Regisseur nicht wegen etwas so Nebensächlichem wie der Vergewaltigung einer 13-Jährigen (noch dazu vor 30 Jahren!) festnehmen kann.

Sexuelle Verfügungsgewalt über Abhängige gehört seit Langem zu den Boni, die einen gehobenen Status auszeichnen, die Varianten reichen vom ius primae noctis der feudalen Grundherren bis zur Besetzungscouch von Theaterdirektoren. Diese Verfügungsgewalt ist gesellschaftlich akzeptiert, teils stillschweigend, teils explizit, man denke beispielsweise an die lange Liste renommierter Persönlichkeiten, die voll tiefer Empörung gegen Polanskis Verhaftung protestierten.

Auch die Fälle von sexueller Misshandlung durch katholische Geistliche haben, ebenso wie ihre jahrzehntelange Vertuschung, mit Machtmissbrauch und einem anmaßenden Selbstverständnis zu tun. Darüber wird endlich nicht mehr geschwiegen. Gut so. Dass diese Verfehlungen endlich öffentlich angeklagt werden, hängt allerdings nicht zuletzt mit dem Bedeutungsverlust der Institution Kirche in eben jenen Ländern zusammen, in denen das Schweigen aufbricht. Das gesellschaftliche Unrechtsbewusstsein bleibt dennoch reformbedürftig. Der vorauseilende Eifer, mit dem einschlägige Vergehen ausreichend bewunderter Promi-Figuren mit mehr oder weniger fadenscheinigen Entschuldigungen retuschiert werden, lässt für potenzielle Opfer solcher Männer nach wie vor Schlimmes befürchten.

What's New, Pussy?

Juni 7 2010

Verdienen Frauen, dass sie nix verdienen, weil sie so häufig Teilzeit arbeiten?

Also. Der Frauenbericht.[2] Überrascht er uns? Eigentlich nicht. Das ist, zugegeben, auch nicht seine Aufgabe. Er sollte Fakten sammeln. Jetzt liegen sie auf dem Tisch. Frauen, besagen sie, sind besser ausgebildet als je zuvor. (Haben wir gewusst.) Sie sind erwerbstätiger als je zuvor, soll heißen, sie gehen in größerer Zahl der Erwerbsarbeit nach als zu früheren Zeiten. (Haben wir vermutet.) Sie machen nach wie vor zwei Drittel der unbezahlten Arbeit, Kinderbetreuung, Haushalt und Altenpflege sind anhaltend Frauensache. (Verblüfft uns nicht wirklich.) Und sie verdienen immer noch weniger als die Männer. Nein, nicht immer noch, sondern immer weniger, denn die Einkommensschere geht weiter auf. Das finden wir dann doch einigermaßen befremdlich.

Obwohl, die Gründe, die dafür ins Treffen geführt wurden – nicht vom Frauenbericht, sondern in diversen Kommentaren aus Medien und Politik –, sind auch nicht neu: Frauen arbeiten in großer Zahl Teilzeit. (Eh klar, sie müssen ja auch noch, siehe oben, Kinder, Haushalt und Altvordere schupfen.) Sie kaprizieren sich auf sogenannte Frauenberufe, die schlechter bezahlt werden als sogenannte Männerberufe. Statt gesellschaftlich wichtige Arbeit in technischen Branchen zu leisten, interessieren sie sich fürs unwichtige Soziale.

2 Frauenbericht 2010. Bericht betreffend die Situation von Frauen von Österreich im Zeitraum 1998 bis 2008, hg. vom Bundesministerin für Frauen und Öffentlichen Dienst im Bundeskanzleramt Österreich. Wien, 2010.

Und sie sind Weicheier bei Gehaltsverhandlungen – geben sich viel zu früh zufrieden und neigen dazu, den Sinn einer Tätigkeit wichtiger zu nehmen als das, was sie einbringt. Ja dann. Und was weiter?

Na, einfach weiter so, befanden manche (männliche) Auskenner. Weil jetzt haben wir die Bestätigung: Frauen wollen halt nur Teilzeitjobs. Frauen wollen sich mehr um Kinder und Haushalt kümmern als Männer. Frauen möchten, dass die Männer die Hauptverdiener bleiben. Ist doch wurscht, wer mehr verdient, am Ende kommt alles in einen Haushaltstopf, und beide nehmen sich heraus, was sie brauchen.

Hat auf den ersten Blick was für sich. Vielleicht signalisiert es ja tatsächlich ein Beharren auf alten Rollenmustern, wenn der Anstieg der weiblichen Erwerbsquote vor allem auf einen Anstieg der Teilzeitjobs für Frauen zurückzuführen ist. Fragt sich nur, wer beharrt.

Das alte Lied: Reißen Frauen Haushalt und Kinder genital programmiert an sich, oder machen sie, was gemacht werden muss, weil die Männer zu wenig machen?

Irgendwie neige ich nach wie vor dazu, mir nicht vorstellen zu können, dass – noch dazu gut ausgebildete – Frauen lieber unbezahlt hinter Mann und Kindern herräumen, statt ihre Ausbildung in anständig entlohnten Jobs anwenden zu wollen. Und wenn man überdies in Betracht zieht, dass der gemeinsame Haushaltstopf im Fall einer Scheidung (für den statistisch inzwischen eine mehr als 30-prozentige Wahrscheinlichkeit spricht) ganz schnell in zwei sehr ungleiche Teile zerfallen kann, haut die Interpretation, das berufliche Fortkommen zugunsten häuslicher Dienstleistungen zurückzustellen entspreche einem urweiblichen Bedürfnis, nicht ganz hin.

Jede vierte teilzeitbeschäftigte Frau sagt denn laut Frauenbericht auch, dass sie lieber Vollzeit arbeiten würde, jede zweite gibt als Grund für ihr berufliches Leisertreten Betreuungspflichten an. Was eben nicht bedeutet, dass es sich beim Spagat zwischen limitierter Berufstätigkeit und der Hauptverantwortung für Kinder (und möglicherweise Alte) um eine absolut frei gewählte Lebensform handelt.

Bleiben die anderen Begründungen, die das Einkommensgefälle rechtfertigen sollen. Und die sind ja nun überhaupt, wie man früher so schön sagte, starker Tobak.

Wieso werden Männerberufe stets mit größter Selbstverständlichkeit über Frauenbranchen gestellt, ohne dass die Berechtigung dieses Rankings auch nur im Geringsten angezweifelt wird? Was macht Tätigkeiten, die überwiegend von Männern ausgeführt werden, grundsätzlich wertvoller als Tätigkeiten, denen überwiegend Frauen nachgehen? Kein Wunder, dass Frauen nix verdienen, wenn sie sich für Schönheit, Menschen, Kunst und Sprachen interessieren statt für Motoren und Bilanzen? Warum kein Wunder? Wollten wir in einer Welt leben, in der es nur noch um Technik und Kapitalflüsse geht? Können wir auf soziale Kompetenz verzichten?

Dass die schlechte Bezahlung in sogenannten Frauenberufen nicht notwendigerweise von der relativen Überflüssigkeit dieser Tätigkeiten diktiert wird, zeigt sich immer dann, wenn sich Männerdomänen in gemischt frequentiertes Territorium verwandeln. Dann sinken nämlich die vordem höheren Löhne, was demonstriert, wem die Geringschätzung gilt: nicht der Branche, sondern den Frauen, die sich darin ausbreiten.

Verwunderlich auch der Vorwurf, Frauen seien schlechte Verhandlerinnen, weil es ihnen mehr als aufs Geld darauf ankomme, sich an ihrem Arbeitsplatz wohlzufühlen und einer in ihren Augen sinnvollen Aufgabe nachzugehen.

Jetzt einmal ehrlich: Wenn unsere Arbeitswelt Menschen dafür bestraft, dass sie sinnstiftenden, befriedigenden Tätigkeiten nachgehen, statt bloß möglichst viel Geld cashen zu wollen, – stimmt dann was mit diesen Menschen nicht, oder sollten wir uns vielleicht fragen, was in unserer Arbeitswelt nicht stimmt?

Im Übrigen und jedenfalls ein Ja zur angestrebten Einkommenstransparenz. Vergleichsmöglichkeiten nützen beim Verhandeln.

(Ob)Sorgen

Juli
5
2010

Kann man erwarten, dass zwei kooperieren, weil es das Gesetz so anschafft?

Kann man Liebe, Zuwendung, Fürsorge und Kooperation per gesetzlicher Anordnung erzwingen? Kinder hätten von Natur aus ein Recht auf beide Eltern, so begründet die Justizministerin ihr Eintreten für die automatische gemeinsame Obsorge nach Scheidungen. Das klingt, als handle es sich dabei um ein Zaubermittel. Man installiere die gemeinsame Obsorge, und schon haben auch die Kinder getrennter Paare, Simsalabim, ein harmonisches Elternhaus, wo sich Vater wie Mutter zu gleichen Teilen um ihr Wohlergehen kümmern.

Schön wär's. Oder vielmehr: Schön ist es, dort, wo es funktioniert, und es funktioniert in vielen Fällen durchaus. Denn die gemeinsame Obsorge ist ja schon jetzt keineswegs verboten. Sie setzt lediglich voraus, dass beide Elternteile damit einverstanden sind, während eine Automatisierung bedeuten würde, dass dieses Einverständnis von Gesetzes wegen angenommen beziehungsweise verordnet wird, egal, wie zerrüttet die Beziehungen zwischen Mutter, Vater und den Kindern auch sein mögen. Das erscheint mir riskant. Wenn Eltern sich nicht auf eine gemeinsame Obsorge einigen können, dann hat das Gründe, die man nicht mit der schlichten Anordnung „Vertragts euch, Leute!" einfach übergehen kann.

Natürlich ist zu wünschen, dass Eltern ihren persönlichen Zwist, ihre Kränkungen, Frustrationen und Verletzungen beiseitelassen, wenn es um das Wohl ihrer Kinder geht. Die Praxis zeigt nur leider, dass es ihnen nicht immer gelingt. Hinzu kommt, dass nicht unbedingt überall Obsorge drin ist, wo Obsorge draufsteht. Soll heißen: Häufig wird mit dem Begriff Obsorge argumentiert, wenn es in Wirklichkeit um Machtausübung geht.

Was meint die Justizministerin, wenn sie vom Recht des Kindes auf beide Eltern spricht? Ein Anrecht darauf, dass Vater wie Mutter im gleichen Ausmaß verfügbar, einsatzbereit und liebevoll um das Kind besorgt sind? All das garantiert die gemeinsame Obsorge nicht. Kein Gesetz, keine Justizministerin und kein Familiengericht kann einem Kind die Zuwendung verschaffen, nach der es sich sehnt, wenn Vater oder Mutter sie ihm verweigern. Auch bei gemeinsamer Obsorge muss der nicht mehr im gemeinsamen Haushalt lebende Elternteil mit dem Kind weder Mathematik lernen noch beim Zahnarzt seine Hand halten. Aber er kann fordern, dass das Kind in die Handelsschule geht, auch wenn es kaufmännisch desinteressiert und musisch begabt ist.

Wird schon nicht vorkommen? Doch, kommt vor. Genau darüber wird gestritten: Wer schafft an? Wer ist wichtiger? Wer setzt sich durch? Und, nicht zuletzt: Wer erspart sich was? Denn häufig hat der Wunsch nach mehr Mitspracherecht auch einen finanziellen Hintergrund. Eine kürzere Ausbildung kostet weniger lang Unterhalt. Also plädiert der unterhaltspflichtige Elternteil zum Beispiel für Lehre statt Studium. Es geht nämlich auffallend oft ums Geld, wenn – vordergründig – über gemeinschaftliches (Ob-)Sorgen diskutiert wird. Wer sich die Internetplattformen und -foren zum Thema anschaut, stößt immer wieder auf die gleiche Klage angeblich entrechteter Väter (bekanntlich stellen sie die Mehrzahl nicht obsorgeberechtigter Elternteile): Ich darf zahlen, aber nicht bestimmen, was mit MEINEM Geld geschieht.

Juristisch umfasst die Obsorge sowohl Rechte als auch Pflichten, der oder die Obsorgeberechtigte ist zuständig für

Pflege, Erziehung, Vermögensverwaltung und die gesetzliche Vertretung des Kindes. Praktisch wird selten um die Pflege gekämpft, aber oft darum, Erziehungsrichtlinien vorgeben zu dürfen und das Vermögen des Kindes, sprich Unterhaltszahlungen, nicht in charakterverderblichen Reichtum ausarten zu lassen.

Noch einmal: Geschiedene Eltern müssen nicht streiten. Doch wenn sie es tun, dann genügt es nicht, ihnen Kooperation zu verordnen. Die beschwörende Annahme, dass zwei sich einigen werden, wenn ihnen nichts anderes übrig bleibt, ist Realitätsverweigerung. Ja, sie raufen sich vielleicht zusammen, aber mit der Konsequenz, die ein Raufhandel mit sich bringt: Es gibt einen Sieger, und es gibt Verlierer. Ob das dem Kindeswohl dient, ist mehr als fraglich.

Automatische gemeinsame Obsorge heißt im Grunde, die Familien mit ihren Konflikten allein zu lassen. Derzeit muss jeder Fall, in dem es kein Einvernehmen gibt, gerichtlich geprüft werden, ehe eine Obsorgeentscheidung fällt. Wird hingegen die gemeinsame Obsorge zur Regel, signalisiert das, dass Eltern sich's gefälligst untereinander ausschnapsen sollen, wie sie nach der Trennung mit der Kinderbetreuung zurechtkommen. Das würde die Familiengerichte möglicherweise entlasten und der Justizministerin Geld sparen. Dass es den Kindern nützt, ist allerdings nicht gesagt.

Man habe mit der gemeinsamen Obsorge gute Erfahrungen gemacht, heißt es. Das verwundert nicht. Diejenigen, die sich dafür entscheiden, sind ja auch entschlossen, es gut zu machen. Sie sind willens, zusammenzuarbeiten. Ihnen Steine in den Weg zu legen, wäre absurd. Problematisch sind die Unwilligen. Weil nämlich ihre Ausstattung mit mehr Rechten nicht automatisch bedeutet, dass sie auch mehr Pflichten wahrnehmen.

… raus bist du!

Januar
31
2011

Die Schule wird sich der Aufgabe stellen müssen, erzieherische Defizite zu kompensieren.

Also. Die Hauptschule heißt jetzt Neue Mittelschule, hurra. Das Gymnasium gibt es weiterhin, halleluja. Wer ins Gymnasium möchte, muss sich schon in der Volksschule dafür qualifizieren. Wer mit 14 im Gymnasium bleiben oder nach der Neuen Mittelschule ins Gymnasium übertreten will, muss erst mal seine mittlere Reife nachweisen. (Wetten, dass Gymnasiasten dabei bessere Chancen haben werden als neue Mittelschüler? Weil ja, wie der Vizekanzler so schön sagte, die Langform des Gymnasiums ganz andere Schwerpunkte setzen und von Anfang an auf eine längere Bildungskarriere vorbereiten kann.) Und, nicht vergessen: Eltern sind verpflichtet, ihren Kindern bei den Hausaufgaben zu helfen.

So schaut eine Bildungsreform in Österreich aus. Dahinter steht offenbar die alte Auffassung: Bildung ist ein kostbarer Schatz, auf den nur Auserwählte Zugriff haben dürfen.

Es geht nach diesem Verständnis nicht darum, möglichst vielen Kindern möglichst viel beizubringen, sondern darum, immer wieder diejenigen herauszufiltern, die für würdig erachtet werden, noch mehr lernen zu dürfen.

Aussieben statt fördern. Unfähigkeit nachweisen statt befähigen. Ent- statt ermutigen. Die positive Verstärkung, deren segensreiche Wirkung sich sogar bis in die Hundeerziehung durchgesprochen hat, ist in der schulischen Menschenerziehung hierzulande wenig verbreitet. Sparsames

Lob, reichlich Tadel. Schwachstellen entdecken. Nicht, um zu helfen, sondern um Blödheit zu diagnostizieren.

Weil: Wo kommen wir denn hin, wenn alle! Es kann doch nicht jeder! Wer ungebildete Eltern hat, die mangels Kenntnissen nicht in der Lage sind, bei den Hausaufgaben zu helfen, gehört halt nicht ins Gymnasium. Wer gebildete Eltern hat, die mangels didaktischer Ausbildung nicht in der Lage sind, den Schulstoff zu erklären, gehört halt nicht ins Gymnasium. Kinder berufstätiger Mütter gehören nicht ins Gymnasium. Wer kein Genie ist, das nie Hilfe oder Unterstützung braucht, gehört nicht ins Gymnasium. Wessen Eltern keine Nachhilfestunden zahlen können, der oder die soll halt nicht in eine höhere Schule gehen.

Denn: Die Eltern sollen ihre Aufgaben gefälligst nicht an die Schule delegieren. Die Aufgabe der Eltern ist es, gebildet und wohlhabend zu sein, über didaktische Kenntnisse zu verfügen und ein unbegrenztes Zeitbudget zur Verfügung zu haben. Sind sie nicht willens und fähig, dieser ihrer Aufgabe nachzukommen, sollen sie sich nicht wundern, wenn aus ihren Kindern nix wird.

Exzellenzen sind gefragt! Eliten! High Potentials! Die bezieht man am besten aus Elternhäusern, die traditionell mit der Herstellung von Führungspersönlichkeiten betraut sind. Nur keine Experimente!

Im Ernst: Da wird angeblich über mehr Chancengleichheit nachgedacht, und alles, was herauskommt, ist eine großspurig mittlere Reife genannte (Knock-out-)Prüfung auf dem Weg zur Matura. Fühlt sich dabei irgendwer gepflanzt? Nein? Warum nicht?

Oh ja, Leistung muss sein. Aber die ständige Drohung, Kindern schon noch zu zeigen, dass sie ja doch nicht in eine höhere Schule gehören, ist weniger Leistungsansporn als vielmehr eine Methode der Demoralisierung. Übrig bleiben nicht unbedingt die Klügsten, sondern vor allem Robuste, die wenig Selbstzweifel kennen.

Die Einstellung, dass beim Gros der Kinder wahrscheinlich eh Hopfen und Malz verloren ist, findet sich nicht nur in explizit konservativen Kreisen. Auch Aufsteiger, die offiziell Lippenbekenntnisse zu einem egalitären Bildungszugang ablegen, sind als Eltern in privaten Gesprächen besorgt, dass es ihren Kindern schadet, wenn die Schule dem Nachwuchs aus bildungsfernen Schichten zu viel Aufmerksamkeit schenkt. Und LehrerInnen aller politischen Lager werden nicht müde, auf Begabungsdifferenzen hinzuweisen, die nun einmal nicht aus der Welt zu schaffen wären.

Tatsächlich ist unbestreitbar, dass Kinder unterschiedlich talentiert und von unterschiedlich schneller Auffassung sind. Die Frage ist nur, welche Konsequenzen man daraus zieht. Ein gutes Bildungssystem gibt sich nicht damit zufrieden, die Unterschiede zu konstatieren und mangelnde Begabungen abzustrafen, sondern es bemüht sich, auch nicht offensichtliche Stärken von Kindern zu entdecken und zu fördern. Nicht alle können alles (werden), aber in vielen steckt mehr drin, als man fürs Erste vermutet.

Vor allem schießt sich ein gutes Bildungssystem nicht auf die Eltern ein. Getroffen werden dabei nämlich die Kinder. Mag sein, dass viele SchülerInnen mit Eltern geschlagen sind, die ihnen weder sozial verträgliche Umgangsformen noch Lerneifer in ausreichendem Maß mitzugeben imstande oder willens sind. Das ist ein Jammer, aber man kommt ihm nicht bei, indem man weitere Generationen inkompetenter Erwachsener heranzieht. Soll heißen: Die Schule wird sich der Aufgabe stellen müssen, erzieherische Defizite des Elternhauses zu kompensieren.

Dazu muss sie entsprechend ausgerüstet werden, personell und finanziell, keine Frage. Dass es mit der Ausrufung der gemeinsamen Schule bis 14 nicht getan wäre, bestreitet ohnehin niemand, der dieses Konzept befürwortet. Aber zunächst einmal braucht es die grundlegende Bereitschaft, (höhere) Bildung nicht als ein Privileg zu sehen, das vor dem Zugriff der Massen geschützt werden muss.

Vergeltung

Mai
23
2011

Bei Gewalt gegen Frauen lässt das Unrechtsbewusstsein oft aus.

Im Iran hätte kürzlich ein Gerichtsurteil vollzogen werden sollen, das international verstörte. Einer Frau war zugestanden worden, einem Mann Säure in die Augen zu träufeln, er wäre daraufhin erblindet. Der Vollzug des Urteils wurde mittlerweile ausgesetzt, das Entsetzen blieb. Dem Urteil war allerdings eine noch entsetzlichere Tat vorausgegangen. Der Mann, der mit dem Verlust seines Augenlichts bestraft werden sollte, schüttete vor etwas mehr als sechs Jahren der damals 24-jährigen Armeneh Bahrami Schwefelsäure ins Gesicht, weil sie seine Heiratsanträge abgelehnt hatte. Das Opfer ist seither blind und entstellt, auch Speiseröhre und innere Organe der Frau wurden verätzt. 17 Operationen musste sie über sich ergehen lassen. Ärzten in Barcelona gelang es vorübergehend, die Sehkraft eines Auges teilweise wiederherzustellen, eine Infektion (die Bahrami sich zuzog, weil sie aus Geldmangel in einem Obdachlosenasyl wohnte) machte den Heilerfolg allerdings zunichte. Armeneh Bahrami klagte ihren Peiniger an und verlangte, ihn nach dem im iranischen Strafrecht zugelassenen Grundsatz „Auge um Auge" bestrafen zu dürfen. Zuerst wurde ihr, weil sie der Scharia nach als Frau nur halb so viel gilt wie ein Mann, lediglich die Zerstörung eines seiner Augen zugebilligt. Sie kämpfte weiter, bis ihr das Gericht zugestand, dass sie dem Attentäter beide Augen verätzen dürfe. Es gehe ihr nicht um Rache, sagte Bahrami nach der Urteilsverkündung, sondern um ein Signal. Alle sollten wissen, dass man so etwas keiner Frau antun darf.

Weltweit herrschte dennoch Erschütterung. Denn aus aufgeklärten Rechtssystemen ist die Idee der Vergeltung weitgehend verbannt. Gesetzesbrechern soll vermittelt werden, dass es Unrecht ist, sich nicht an die Gesetze zu halten, aber die Justiz greift dabei nicht zu denselben Mitteln wie die Kriminellen. Der Räuber soll im Strafvollzug nicht beraubt, der Gewalttäter nicht misshandelt, der Mörder nicht ermordet werden (jedenfalls nicht in Ländern, in denen die Todesstrafe abgeschafft ist). Und jetzt das! Auge um Auge! Barbarisch. Unzivilisiert. Grausam. Ja. Einerseits. Und andererseits vielleicht doch ein wirkungsvoller Beitrag zu einer Bewusstseinsänderung.

Denn tatsächlich war der Schwefelsäureanschlag des abgewiesenen Freiers keine Ausnahmetat eines Durchgeknallten, deren Unzulässigkeit außer Zweifel steht. Vielmehr gehören Säureangriffe in orthodoxen Macho-Gesellschaften zum Reaktionsrepertoire von Männern, die sich von einer Frau – zum Beispiel durch Zurückweisung – in ihrem Stolz verletzt fühlen. In Asien gibt es bereits eine von der Unicef geförderte „Stiftung für Säureopfer", weil immer wieder Mädchen und Frauen von abgewiesenen Bewerbern oder erzürnten Ehemännern mit Batteriesäure übergossen werden. Auch Bahramis Peiniger, der sein Opfer vor Gericht zunächst verhöhnte, fehlte es offensichtlich an Unrechtsbewusstsein. Was Ameneh Bahrami offenbar erreichen will, ist ein veränderter gesellschaftlicher Blick auf Männer wie den Attentäter, der ihr Leben zerstört hat, um seine Verfügungsgewalt über sie zu demonstrieren. Offiziell und nachdrücklich soll Männern diese Verfügungsgewalt abgesprochen werden. Der aufsehenerregende Vollzug eines aufsehenerregenden Urteils sollte mithelfen, weltweit das Bewusstsein zu etablieren, dass auch Frauen ein Recht auf Selbstbestimmung haben. Und dass Bahrami auf Vergeltung besteht, hat wohl damit zu tun, dass quitt zu sein die Herstellung von Gleichrangigkeit bedeutet. Nun wurde der Vollzug des Urteils im letzten Augenblick auf unbestimmte Zeit verschoben. Das ist gut so, nach unserem Rechtsempfinden, und auch, weil es Frau Bahrami davor bewahrt, ähnlich unmenschlich zu handeln wie ihr Attentäter. Aber dass das Urteil überhaupt gefällt wurde, ist ein Signal, das hoffentlich seine Wirkung nicht verfehlt.

Die wahnhafte Vorstellung, dass sie sich nehmen könnten, wen und was sie wollen, beherrscht allerdings nicht nur Männer aus expliziten Macho-Gesellschaften. Auch im aufgeklärten Westen gibt es immer wieder üble sexistische Übergriffe, und vor allem Big-Boss-Persönlichkeiten können sich oft nicht damit abfinden, dass ihnen etwas verwehrt wird, schon gar von einer Frau. In New York wurde bekanntlich IWF-Chef Dominique Strauss-Kahn festgenommen, nachdem ihn ein Hotel-Zimmermädchen der versuchten Vergewaltigung beschuldigt hat. Wie stets gilt die Unschuldsvermutung, aber die Gründe für eine Schuldvermutung sind auch nicht von der Hand zu weisen. Strauss-Kahn wird nachgesagt, dass er immer wieder Frauen sexuell bedrängt oder genötigt habe.

Auch im aufgeklärten Westen gilt sowas nicht nur als Vergehen. Mächtige Männer, die ihre Libido rücksichtslos ausleben, haben meist auch das Image des bewunderten und beneideten Potenzprotzes. „Obwohl schon ein reiferer Mann, zeigt Dominique Strauss, was er noch kahn", reimte der ÖVP-Mandatar Wolfgang Großruck im österreichischen Parlament und erntete nicht nur Empörung, sondern auch Beifall. Hinterher entschuldigte er sich bei „allen, die sich betroffen fühlen", als gehe es nicht um den Vorwurf sexualisierter Gewalt, sondern um die mehr oder weniger entwickelte Zimperlichkeit beim Ansprechen sexueller Leistungen. Ist also auch hierzulande nicht immer weit her mit dem Unrechtsbewusstsein.

Jugend wünscht

Juni
6
2011

Heile-Welt-Fantasien orientieren sich an gängigen Glücksverheißungen.

Heute stellen wir uns vor, wir sind fünfzehn. Ja, ich weiß, für viele von uns schwierig (für mich wahrscheinlich noch schwieriger als für Sie), aber trotzdem. Also. Fünfzehn. Oder siebzehn. Oder neunzehn.

Wir haben, stellen wir uns vor, im Großen und Ganzen eine vergnügliche Kindheit gehabt. Unsere Mama war viel daheim, als wir klein waren, das war uns recht, denn sie hat eine Menge mit uns unternommen und gut gekocht und so weiter.

Später hat sie dann angefangen, Teilzeit zu arbeiten, aber trotzdem ist sie bis heute für uns da, wenn wir was von ihr brauchen. Ob sie gern daheim war und wie das einmal mit ihrer Pension sein wird, das ist ehrlich gestanden nicht unser Problem. Und was wäre, wenn der Papa und sie geschieden würden, darüber mögen wir uns nicht den Kopf zerbrechen.

Oder: Falls unsere Eltern bereits geschieden sein sollten, fallen ihre eventuellen finanziellen Zukunftssorgen ebenfalls nicht in unsere Zuständigkeit.

Vielleicht kriegen wir dennoch mit, dass die Mama schwer über die Runden kommt mit ihrem Teilzeitgehalt, doch erstens ist das nicht unsere Schuld, und zweitens gibt es ja auch noch andere geschiedene Frauen als die Mama, zum Beispiel alle Promi-Tussen, die ihre Ex gnadenlos abzocken.

Kann man überall nachlesen. Scheidung lohnt sich, wenn man es richtig angeht, so viel ist klar, jedenfalls für Frauen. Und nachdem sich die männlichen Macher-Typen offensichtlich eine kostspielige Begleiterin nach der anderen leisten können, macht der Papa, wenn er wegen der Alimente jammern sollte, halt was falsch.

Nein, wir sind eh nicht so deppert, wie sich das jetzt anhört, aber wann, wenn nicht in unserem Alter, sollen wir davon ausgehen, dass wir – nicht böse sein, Eltern – einfach mehr zusammenbringen werden als die Alten, beziehungsweise dass wir schlicht und einfach imstande sein werden, unsere Träume zu realisieren?

Wir träumen von einer beglückenden Partnerschaft und Kindern. Das ist doch, verdammt noch einmal, nicht abartig. Wär ja seltsam, wenn wir uns ein Leben als eiskalte EinzelgängerInnen wünschten. (Unsere heile Fantasiefamilie fällt möglicherweise umso unrealistischer aus, je mehr wir in der Realität von problematischen Verhältnissen umgeben sind. Auch das ist keine ungewöhnliche Reaktion.)

Und *heil* definieren wir einerseits unter dem Einfluss der Bilder, die uns von allen Seiten als Heile-Welt-Darstellungen präsentiert werden, und andererseits auf der Basis unserer Erfahrungen, die uns meist mit traditionellen Organisationsformen von Familienarbeit konfrontiert haben.

Wir sind aufgewachsen mit (Halbtags-)Kindergärten ab drei Jahren, mit Halbtagsschulen und mit Müttern, die Teilzeit arbeiten, und uns ist daraus kein Leidensdruck erwachsen. Wir wissen nicht, wie es uns in einer Ganztagsschule gefallen hätte, und wir haben ständig zu hören bekommen, dass Kinderkrippen was Grauenhaftes sind. Ist es ein Wunder, dass wir unsere künftigen Kinder nicht in Krippen sehen, sondern ihnen das bieten wollen, was wir selber als einigermaßen angenehm kennengelernt haben?

Wir wissen oft wenig über die Arbeitswelt unserer Eltern, und unter Umständen auch nicht viel über Hausarbeit, wenn wir unsere heile Fantasiefamilie sehen, dann sehen wir Szenen aus dem Werbefernsehen, wo schön gestylte Mütter entspannt beisammensitzen und von hippem Nachwuchs gefeiert werden, weil sie Bonbons aus goldfarbenen Packungen schälen und als vitaminreiche Nahrung verteilen. Kein übles Los, oder? Und dann kommen die MeinungsforscherInnen daher und fragen uns: Wenn dein/e Partner/in so viel verdient, dass euer Lebensunterhalt gesichert ist, möchtest du dann Hausfrau/Hausmann sein? Und sobald wir zu 44 Prozent mit Ja antworten, schreiben die Medien, wie erstaunlich konservativ wir doch sind.

Und man fragt uns, wer Kinder bis drei betreuen sollte, und wir sagen, sie sollen zu Hause betreut werden, und man fragt uns, ob wir uns vorstellen könnten, Teilzeit zu arbeiten, und wir sagen zu 85 Prozent Ja, sofern wir weiblich sind, beziehungsweise zu zwei Dritteln, dass wir darüber noch nicht nachgedacht haben, sofern wir männlich sind – und wieder wundern sich alle über unser wenig progressives Weltbild.

Sehr witzig. Wieso sollen ausgerechnet wir fortschrittliche Fantasien entwickeln und originelle Rollenbilder implantieren wollen und uns neue Formen des gesellschaftlichen Zusammenwirkens einfallen lassen, wenn uns die ganze Zeit suggeriert wird, unser künftiges Glück läge darin, dass wir als Vater-Mutter-Sohn-und-Tochter-Bande über blühende Wiesen tollen, gemeinsam Fertiggerichte in Pfannen schütteln und uns an staatlicher Förderung erfreuen, sofern wir ebendiesem Familienbild entsprechen?

So. Ende unseres mentalen Ausflugs. Wir sind wieder wir. Wundern wir uns immer noch über die Ergebnisse der Studie „Jugendmonitor", die im Auftrag des Wirtschafts- und Familienministeriums erstellt und kürzlich veröffentlicht wurde?[3]

---

3 6. Bericht zur Lage der Jugend in Österreich, hg. vom Bundesministerium für Wirtschaft, Familie und Jugend, Sektion Familie und Jugend, Abteilung II/5. Wien, 2011.

Familienminister Mitterlehner hat daraus übrigens bereits den Schluss gezogen, dass Teilzeitarbeit aufgewertet werden müsse. Was sonst. Und wie immer das konkret ausschauen soll.

Madame DSK

Oktober
10
2011

Ein Versuch, die Treue zu fragwürdigen Ehemännern zu verstehen.

Dominique Strauss-Kahn bleibt bei seiner Verteidigungslinie. Nein, er hat keine Gewalt angewendet, weder Nafissatou Diallo noch Tristane Banon gegenüber. Wenn sie das Gegenteil sagen, lügen sie. Basta. War zu erwarten. Überrascht nicht. Ein Rätsel hingegen bleibt, sagen die Frauen, die ich kenne, warum seine Ehefrau zu ihm halte. Hat sie nicht die Schnauze voll? Warum nicht? Unsereine hätte DSK längst hochkant hinausgeschmissen! Na ja. Unsereine hat ihn ja auch nicht geheiratet. Unsereine ist nicht an ihn gewöhnt. Unsereine verbindet nichts mit ihm. Unsereine hätte so einen wie ihn überhaupt nie geheiratet! Na ja. Unsereine ist auch nicht Anne Sinclair. Und überhaupt, wer weiß. Irgendwas wird er schon gehabt haben, das zumindest Mme. Sinclair heftig angezogen hat, wer blickt schon hinter das Geheimnis der Anziehung.

Nein, keine Reinwaschung von DSK, um Gottes willen, der Mann hat einen zu miserablen Ruf für einen Sympathiebonus. Nein, auch keine Solidaritätsadresse an Frau DSK. Lediglich der Versuch zu verstehen, in Grenzen wenigstens.

Ich stelle mir vor, ich bin Anne Sinclair, eine Tochter der Jewish Upper Class, Millionenerbin, Absolventin einer Pariser Eliteuniversität, eine der angesehensten Journalistinnen Frankreichs, unabhängig durch Reichtum und beruflichen Erfolg, aber abhängig von den Bewertungskriterien meiner Gesellschaftsschicht, der ich seit 63 Jahren angehöre und die zu verlassen ich nicht die geringste Lust verspüre.

In meinen Kreisen hat man einen Ehemann vorzuweisen. In meinen Kreisen hat man nicht irgendeinen Ehemann, sondern einen, der sozialprestigemäßig punktet. Ich habe DSK geheiratet, einen Mann, dessen Initialen mittlerweile genügen, damit man weiß, wer gemeint ist, einen, der versprach, eine Art französischer JFK zu werden. Ich habe Anspruch auf einen besonderen Mann, sage ich mir, denn ich bin nicht irgendeine Frau. Ich bin an erfolgreiche Männer gewöhnt, an Machtmenschen, die siegen, unterwerfen und sich nehmen, was sie wollen. Ich gehöre selber zur Spezies der Befehlenden, zaghaftes Zögern ist in meinen Augen keine Tugend. DSKs Charakterstruktur ist mir prinzipiell keine Abschreckung, sondern vertraut. Zwar kränkt es mich, wenn sich mein Mann an andere Frauen heranmacht, aber gleichzeitig glaube ich, dass virile Männer polygam sein müssen, ich möchte es glauben. Und vor die Wahl gestellt, meinen Mann für einen sexuellen Belästiger, ja sogar für einen Vergewaltiger zu halten, oder die Frauen, an die er sich heranmacht, für hinterhältige Schlampen, ziehe ich die zweite Version vor.

Ihn als sexuellen Belästiger oder gar als Vergewaltiger zu sehen, würde bedeuten, dass ich meinerseits einen großen Fehler gemacht und bei der Partnerwahl versagt habe, aber eine wie ich unterliegt nicht. Mein ganzes Lebenskonzept wäre dadurch infrage gestellt. Immerhin habe ich mich seiner Karriere zuliebe aus dem Journalismus zurückgezogen; als er Minister wurde, habe ich keine politischen Sendungen mehr geleitet. In meinen Kreisen hat die Karriere des Ehemanns im Zweifelsfall Vorrang, nie würde ich es zur Präsidentin gebracht haben, aber Première Dame zu werden war eine realistische Aussicht. Meine berufliche Tätigkeit darauf abzustimmen, scheint jetzt im Nachhinein eine überflüssige Fleißaufgabe gewesen zu sein, doch wenn ich mich von meinem

Mann trenne, ändert das auch nichts mehr. Lieber schreibe ich das vorläufige Scheitern meiner Pläne einem hinterhältigen Frauenzimmer zu, das womöglich in eine Verschwörung gegen meinen Mann verwickelt war, als der Unfähigkeit meines Mannes, seine Triebe unter Kontrolle zu halten.

Vielleicht habe ich ja sogar kurzfristig erwogen, meinen Mann hochkant hinauszuschmeißen, aber dann habe ich weitergedacht und mir ausgemalt, was danach käme. Danach käme eine Zukunft als Single-Frau, habe ich mir vielleicht vorgestellt. Nicht dass eine fesche, millionenschwere 63-Jährige auf Dauer ohne Anwärter bliebe, aber was für Anwärter wären das? Wie groß ist die Wahrscheinlichkeit, dass sich welche finden, die meinem Anforderungsprofil entsprechen? Als Single-Frau aufzutreten bin ich nicht gewöhnt. Als Single-Frau zu leben auch nicht. Ich habe DSK ja geheiratet, weil ich mit ihm leben wollte, weil wir einander was zu sagen haben, weil er, abgesehen von seinen bekannten schlechten Eigenschaften, Eigenschaften hat, die ich schätze, das Anforderungsprofil, dem er entspricht, beschränkt sich nicht auf die Rubriken Karriereaussichten und gesellschaftliches Prestige, sondern umfasst auch Qualitäten des Miteinander-Agierens, die mir wichtig sind und die er aufweist.

Für eine andere würden seine Verfehlungen vielleicht mehr wiegen als das, was sie an ihm schätzt, in den Augen einer anderen hätte er jegliche Qualitäten vielleicht eingebüßt, ich hingegen bestehe darauf, mir eine wohlwollende Sicht auf ihn zu erhalten, mit dem totalen Verlust meines Bilds von ihm möchte ich nicht zurechtkommen müssen.

So stelle ich mir Anne Sinclairs Beweggründe vor. Wie gesagt, ein Versuch zu verstehen – in den Grenzen eines letztlich patriarchalen Weltbilds, die nicht nur für Frau Sinclair Gültigkeit haben, sondern auch für manche andere, die eisern zu einem fragwürdigen Ehemann hält.

Rampensau sein

Jänner 16 2012

An sich glauben! Keine Selbstzweifel!
Kein Unrechtsbewusstsein! Ein Tugendkatalog.

Sie sind eine starke Frau, sagen Leute zu mir, wenn sie mir was Freundliches sagen wollen. Das ist nämlich ein Kompliment: Sie sind stark. Sie sind kämpferisch. Sie können sich durchsetzen.

Ich will aber gar keine starke Frau sein. Ich will keine starke Frau sein müssen. Das hat nichts mit dem Geschlecht zu tun. Ich würde auch als Mann nicht dazu verdonnert werden wollen, ein starker Mann zu sein. Sagen wir es so: Ich will kein starker Mensch sein müssen, jedenfalls nicht unentwegt. Ich will auch schwach sein dürfen. Unsicher. Schüchtern. Melancholisch statt zuversichtlich und gut drauf. Das alles bin ich, aber ich sollte es tunlichst nicht zugeben und schon gar nicht zeigen.

Warum denn nicht, Herrgott noch einmal?

Was spricht dagegen, einfach ein Mensch zu sein? Menschen haben Stärken und Schwächen. Warum ist es auf einmal eine Tugend, keine Schwächen an sich zuzulassen, ja tunlichst überhaupt keine an sich zu entdecken? Führungspersönlichkeit. Karriere. Erfolg. Was heißt das?

Ich möchte keine Führungs-Persönlichkeit sein. Ich möchte keine Identität, deren Hauptmerkmal ein überdimensionierter Führungsanspruch ist. Ich möchte, dass meine Qualitäten anerkannt werden und dass meine Kompetenz wahrgenommen wird. Aber ich möchte nicht vorgeben müssen, dass ich omnikompetent sei, und ich möchte nicht permanent ein Rudel dominieren, das scharf darauf ist, meine Dominanz zu unterminieren. Ich möchte dann führen dürfen, wenn ich den Weg gerade am besten kenne, aber ich würde nicht immerzu und auf jeden Fall vorangehen wollen. Noch weniger will ich mich freilich von jemandem führen lassen, der unbeirrt vorangeht, egal, wie gut er sich auskennt.

Wünsche ich meiner Tochter eine Karriere? Nicht, wenn damit ständiges Konkurrierenmüssen, Übertrumpfen, Auftrumpfen, Siegen, das atemlose und rücksichtslose Hinaufklettern auf einer Hierarchieleiter gemeint ist. Was ich ihr wünsche, ist ein Berufsleben, das ihr Freude macht, das ihr sinnvoll erscheint und von dessen Ertrag sie gut leben kann.

Aber wie groß sind die Chancen auf ein solches Berufsleben in einer Gesellschaft, die schamlose Selbstüberhöhung, hemmungslose Selbstvermarktung und erbarmungslosen Egoismus zu angesagten Qualifikationen erklärt?

Zugegeben, das ist nichts Neues. Ein Blick auf die Geschichte zeigt, dass im Wesentlichen schon immer die Scheißmichnixe, die Haudraufinger, die Schlagetots auf der Gewinnerseite gelandet sind und nicht die Sensiblen, Empathischen, Nachdenklichen, Rücksichtsvollen. Heuchlerisches Lobpreisen von Bescheidenheit und edler Zurückhaltung war immer bloß eine Aufforderung an die Zukurzgekommenen, ihr Los zu akzeptieren und die etablierten Vorrechte der Gewinner-Nachfahren nicht infrage zu stellen. Trotzdem erinnere ich mich, wenn ich auf die – historisch gesehen bescheidene – Zeitspanne meines bisherigen Lebens zurückblicke, an eine kurze Phase (in den siebziger Jahren), in der, auch als Abkehr vom gerade durchgestandenen Herrenmenschenwahn, Begriffe wie Solidarität und Gerechtigkeit nicht als Loser-Vokabular belächelt wurden.

Mittlerweile gilt wieder ein Wertekatalog, der an die Hart-wie-Kruppstahl-Propagandisten erinnert. Survival of the fittest. Ich-AG. Wer seinen Marktwert nicht hochtreibt, ist selber schuld. Selbstbewusstsein trainieren. Unbedingt an sich glauben. Keine Selbstzweifel aufkommen lassen. Wichtiger als alle anderen Kompetenzen ist inzwischen die Fähigkeit, bei der PR in eigener Sache vor Selbstüberschätzung nicht zurückzuschrecken. Studierende im zweiten Semester listen in ihren Lebensläufen Fertigkeiten auf, deren seriöser Erwerb 120 Jahre dauern würde. Monopoly gespielt zu haben wird als wirtschaftswissenschaftliches Propädeutikum interpretiert, Pfadfinder-Wochenenden scheinen als Ranger-Ausbildung auf, zweimal Sprachferien in der Provence haben angeblich zu perfekten Französischkenntnissen geführt. Wer es nicht versteht, zügellos zu übertreiben, zeigt, dass er hartem Konkurrenzkampf nicht gewachsen ist.

Ja, na und? Ist harter Konkurrenzkampf was Gutes, Notwendiges, Erstrebenswertes? Wie wär's stattdessen mit Freundschaft, Hilfsbereitschaft, Zusammenarbeit? Was wäre schlecht an einer Welt, in der auch Platz ist für die Zartbesaiteten, Zögernden, Zaudernden, und in der es auch die Friedlichen und Freundlichen gut haben? Nein, falsch: in der es vor allem die Friedlichen und Freundlichen gut haben, weil sie mehr gelten als die Wettbewerbler, die Ellbogen-Ausfahrer, die Dampfwalzen und Rampensäue?

Leider, überholte Träume. Und letztlich zählen sowieso nicht mehr oder minder billig erworbene Diplome, sondern Verbindungen – das richtige Elternhaus, die richtigen Freundeskreise und das unverfrorene Ausnützen von Kontakten. Net working ist wichtig, sondern networking, kombiniert mit einem eklatanten Mangel an Unrechtsbewusstsein. Sich keiner Schuld bewusst sein. Überzeugt sein vom Vorrang der eigenen Begehrlichkeiten. Nur eine einzige Erklärung für möglich halten, wenn man beim Gesetzesbruch erwischt wird: Man sei zu schön und zu intelligent für ein zu kleines Land. Was für Erfolgsrezepte. Und wie sie aufgehen!

Man muss sich eben gut verkaufen! Muss man? An wen? Ich bin dafür, dass wir uns behalten.

Was uns treibt

Februar
27
2012

... und was wir uns wünschen. Sinnvolle Aufgaben. Liebe, Freundschaft, Respekt. Geld? Ja, das auch.

Also, nochmals Arbeitsmarkt. Was sehen wir? Qualifikationen, die verlangt, aber nicht entlohnt werden. Mehr und mehr prekäre Beschäftigungsverhältnisse. Dass nicht nur ungelernte Kräfte im Prekariat landen, sondern auch gut ausgebildete, kompetente. Not hier, Gier dort und wenig dazwischen. Nach welchen Kriterien gute Jobs ergattert werden können und wer wofür viel Geld kriegt, während andere auf der Strecke bleiben, wird immer schwerer durchschaubar – eine Lotterie irgendwie. Dazu der ständige Versuch, Menschen gegeneinander auszuspielen. Man braucht sich nur die Werbung anzuschauen: Darum werden Ihre Nachbarn Sie beneiden. Damit sind Sie Erster. So zeigen Sie's allen.

Es wird ganz selbstverständlich auf Neid, Missgunst, Konkurrenzdenken gesetzt. Auf den Schweinehund, der angeblich immerzu in uns allen regiert. Geiz ist geil. Gemeinheit ist fesch. Andere übers Ohr hauen ist cool. Nur nix zum Verschenken haben.

Ja, ehrlich? Träumen wir wirklich ständig davon, anderen voraus zu sein, ihnen was wegzuschnappen, ihnen eins auszuwischen? Treiben uns tatsächlich unentwegt Habgier und Machthunger an? Oder wollen wir einfach das, was man ein erfülltes Leben nennt?

Sinnvolle Aufgaben. Liebe, Zuneigung, Ansehen, Respekt. Geborgenheit, in der Familie, in Freundschaften, unter KollegInnen. Und, oh ja, auch Gut und Geld. Materielle Sicherheit, ein bisschen Luxus – den ebenfalls, durchaus, und zwar nach eigener Definition. Aber Geld als Selbstzweck? Ansehen als Selbstzweck?

Klar gibt es sie, diejenigen, die den Hals nicht voll kriegen können, die ungenierten Anschaffer, die eiskalten Egoisten, die Alle-anderen-für-dumm-Verkäufer, wir erleben ihre Auftritte täglich, und was einige von ihnen angerichtet haben, baden wir gerade aus.

Aber dass sie die menschliche Natur schlechthin repräsentieren, ist damit nicht bewiesen. Der Mensch ist evolutionär nicht nur auf Wettkampf programmiert, sondern auch auf Empathie und Zusammenhalt, und nicht zuletzt dadurch hat er überlebt.

Schwer zu sagen, wie lang der coole Schweinehund das offizielle Werte-Ranking noch dominieren wird. Anzeichen, dass seine Reputation nachlässt, gibt es, solche einer ungebrochenen Faszination für ihn leider auch.

Dazu das Jobangebot der Woche: Für einen Vollzeitjob im Wiener Museum Belvedere, für den die Bewerberin / der Bewerber ein wirtschaftswissenschaftliches Studium, sehr gute Englisch- und IT-Anwendungskenntnisse sowie Organisationsstärke und die übliche Stressresistenz mitbringen muss, gibt es – der Job wird als Praktikum ausgeschrieben – eine Aufwandsentschädigung von 370 Euro im Monat.

Sowas könne doch „die Absprungbasis zu einer schönen und erfüllenden Karriere" sein, schreibt mir ein Leser. Vielleicht. Ich frage mich allerdings, nach wie vielen Studienabschlüssen und nach wie vielen Jahren Berufserfahrung derlei Karrieren so viel Bezahlung abwerfen, dass die PraktikantInnen endlich von ihrer Arbeit leben können, und ich frage mich auch, wer sie bis dahin finanzieren soll. Die greisen Eltern, die hoffentlich einen besser bezahlten Job haben?

Themawechsel und doch keiner: Die baldige Anhebung des Frauenpensionsalters ist angesagt, und zwar nicht zuletzt im Interesse der Frauen, wie es heißt. Auch in profil stand kürzlich zu lesen: Wegen zu früher Pensionierung würden Frauen Biennalsprünge versäumen und kleinere Pensionen kriegen.

Na ja. Dazu ist anzumerken, dass sich für die meisten Frauen nicht das Problem stellt, mit 60 einen Spitzenjob abgeben zu sollen, sondern ein anderes: Sie gelten noch früher als Männer als schwer vermittelbar auf dem Arbeitsmarkt. Sollten sie also mit 50 arbeitslos werden, was gar nicht so selten vorkommt, dann sind sie, falls das Pensionsantrittsalter angehoben wird, ab 60 weiter arbeitslos statt in Pension. Inwiefern ihnen das wirtschaftlich nützen soll, ist mir nicht klar.

Deswegen: Biennalsprünge? Als Arbeitslose? Und höhere Pensionen? Okay, nehmen wir an, die Frauen haben einen – durchschnittlich bezahlten – Job: Wie groß ist nochmal der Durchrechnungszeitraum für die Pensionshöhe, und welche Bedeutung werden fünf magere Jahre darin haben?

Damit wir uns nicht falsch verstehen: Ich bin sehr dafür, dass Frauen ihre Berufstätigkeit ernst nehmen, und auch dafür, dass wir uns nicht ab einem bestimmten Zeitpunkt zum alten Eisen erklären lassen. Ich selber habe vor, weiterzumachen, solange ich nur irgendwie kann. Aber wird mir das, was ich produziere, genauso lang abgekauft werden? Ich hoffe es, Garantie gibt's dafür allerdings keine.

Mit anderen Worten: Wenn Menschen länger arbeiten sollen, dann müssen ihnen entsprechende Arbeitsplätze zur Verfügung stehen. Eine Binsenweisheit, und doch entzieht sie sich ständig der allgemeinen Wahrnehmung. Stattdessen die Forderung, Frauen sollten länger als bis 60 arbeiten dürfen – so, als sei es ihnen gesetzlich verboten, im Beruf zu bleiben. Ist aber nicht so. Das Gesetz stellt ihnen die Pensionierung ab 60 bloß frei. Deshalb bringt es wenig, auf eine Gesetzesänderung zu bauen, denn die schafft weder Arbeitsplätze noch Frauengehälter, für die es sich auszahlen würde, unbedingt länger im Erwerbsleben zu verharren.

Alles prima in Fukushima

März
26
2012

Der Mensch hat versagt. Nicht die Kernkraft.
Sagt der Experte.

In Fukushima ist nix passiert. Eigentlich. Sagt der Atomkraftexperte. Also, passiert ist natürlich schon was, nämlich ein Tsunami und ein Erdbeben. Aber nichts, was uns prinzipiell am Nutzen der Atomenergie zweifeln lassen müsste. Dem AKW wäre ja nichts geschehen, wenn es keinen Tsunami und kein Erdbeben gegeben hätte. Das Ganze war eine Naturkatastrophe. Man kann daher nicht sagen, dass das AKW als solches unsicher ist. Unsicher ist nur die Natur. Und der Mensch, der ja Teil der Natur ist. Man muss nämlich zugeben, dass menschliches Versagen eine Rolle gespielt hat. Der Mensch hat versagt. Nicht die Kernkraft. Das muss man unterscheiden. Sagt der Experte. In Zukunft wird der Mensch einfach nicht versagen dürfen, dann kann man die Kernkraft ohne Bedenken nutzen. Beziehungsweise werden die AKWs der Zukunft vielleicht unabhängig von Menschen betrieben, sie betreiben sich dann quasi selbst. Wo kein Mensch, da kein menschliches Versagen.

Ach so, Naturkatastrophen. Na ja, man wird die AKWs eben noch sicherer machen, dann halten sie noch mehr Erdbeben und noch mehr Tsunamis aus. Fukushima ist ja schon ziemlich gut abgesichert gewesen. Das muss man einmal feststellen. Da war ja nicht keine Vorsorge am Werk. Aber dieses letzte Erdbeben war halt stärker, als man für möglich gehalten hat. Jetzt, da man weiß, die Erde kann noch stärker beben, als man geglaubt hat, muss man die Sicherheitsvorkehrungen nur erhöhen. In Zukunft stellt man sich auf noch stärkere Beben ein. Dass dann ein Beben kommt, das noch stärker ist als diejenigen, auf die man sich jetzt einstellt, ist praktisch auszuschließen. Oder jedenfalls theoretisch.

In Fukushima hat es keine Toten gegeben, das ist beachtlich. Das heißt, Tote hat es schon gegeben, aber so richtig unmittelbar am Reaktorunfall ist niemand gestorben. Soviel wir wissen. Okay, Tepco[4] hat nicht gerade extra umfassend informiert, zugegeben, aber insgesamt sind wir doch eh alle immerzu toll im Bild dank der globalen Vernetzung. Was übrigens auch seine Nachteile hat, weil es andernfalls nicht so schnell zu derart hysterischen Reaktionen kommen würde. Ja, hysterisch. Weil überzogen. Weil, siehe oben: eigentlich alles im grünen Bereich.

Über Langzeitfolgen ist noch nichts bekannt. Kann ja auch nicht. Langzeitfolgen heißen deshalb so, weil es länger dauert, bis sie auftreten, und wenn sie dann auftreten, kann man nicht mehr mit Sicherheit sagen, wovon sie tatsächlich die Folge sind. Beweise statt Spekulationen! In der Provinz Fukushima gibt es mehr Strahlenkranke als Behandlungsplätze, die Leukämie greift um sich, viele Kinder leiden an ständigem Nasenbluten – mag sein, mag sein, aber wer kann wirklich eindeutig und hundertfünfzigprozentig nachweisen, dass das alles auf die Geschichte mit dem Reaktor zurückgeht? Wo sind die Hard Facts? An Leukämie zu erkranken ist zwar hart für die Betroffenen, aber nicht hart genug, um zum Hard Fact zu taugen.

Der Experte kann seine Expertise nicht an Einzelschicksalen festmachen. Er denkt in größeren Dimensionen, in Statistiken, nicht in Menschen. Das war schon immer so, dass die führenden Köpfe das Detail vernachlässigen mussten im

4 Japanisches Energieversorgungsunternehmen, dem das von der Katastrophe betroffene Kernkraftwerk Fukushima Daiichi unterstand.

Interesse des großen Ganzen. Der Blick aufs große Ganze darf nicht am Schicksal des einzelnen Menschen hängen bleiben, er muss übermenschlich, ja unmenschlich sein. Deshalb betrachtet der Experte die verstrahlten Landstriche, zuerst um Tschernobyl, jetzt um Fukushima, nicht als riesige Gebiete im Vergleich zum einzelnen Menschen, sondern als kleine Flächen im Vergleich zur, sagen wir mal, ganzen Erde oder zu unserem Sonnensystem oder zum Weltall. Den großen Geist zeichnet eine weite Perspektive aus.

Der einzelne Mensch, der sein verstrahltes Zuhause verlassen musste und jetzt in Notunterkünften vegetiert, verarmt, abgeschnitten von allem Vertrauten und möglicherweise krank, der einzelne Mensch, der hilflos ausgeliefert weiter atmen und weiter essen muss, was ihn möglicherweise umbringen wird, der einzelne Mensch hat nur ein einziges Leben. Wenn das verpfuscht ist, kriegt er kein anderes. Darum zählt für ihn nur seine subjektive Wahrnehmung, und er begreift oft gar nicht, dass objektiv gar nichts los ist, jedenfalls nichts, was wirklich zählt. Was wirklich zählt, bestimmt nicht der einzelne betroffene Mensch in seiner Betroffenheit, das bestimmen nicht betroffene Experten, die dank persönlicher Sorgenfreiheit den Überblick haben. Sie stellen zum Beispiel fest, dass die „Atomkraft entgegen der öffentlichen Wahrnehmung eine gute allgemeine Sicherheitsbilanz vorweisen“[5] kann. Na bitte.

Die Kernenergie bleibt auch deshalb prinzipiell eine Erfolgsgeschichte, weil es nach Fukushima kaum noch belastete Lebensmittel gibt. Die einschlägigen Grenzwerte wurden ja nahezu weltweit angehoben. Dank dieser umsichtigen Maßnahme wird es künftig fast nicht mehr möglich sein, ver-

5 Yukiya Amano, Generaldirektor der Internationaen Atomenergiebehörde, laut Standard vom 12.3.2012

seuchten Fisch zu konsumieren, weil kontaminierter Fisch zwar kontaminiert, aber nicht verseucht ist. Und falls doch, kann man die Grenzwerte weiter erhöhen, um der ungesunden Angst vor verstrahlter Nahrung entgegenzuwirken.

Im Übrigen sind die Experten gar nicht frei von persönlichen Sorgen. Sie sind sogar äußerst besorgt, wenn es um ihr persönliches Wohlbefinden geht.

Vergleiche

April
23
2012

Wenn Menschen für Birnen mehr ausgeben als für Äpfel, sind Birnen dann das bessere Obst?

Darf man die Leistung einer Altenpflegerin mit der eines Maurers vergleichen? Ich habe es in meiner vorigen Kolumne getan und erntete dafür teilweise harsche Kritik. Weil, erstens: Der Maurer schuftet schwer. Das bissel Menschenheben der Altenpflegerin ist nix im Vergleich zur Arbeit am Bau, sagen die Kritiker des Vergleichs. Sie finden es deshalb mehr als gerechtfertigt, dass der Maurer mehr verdient. Mehr als die Altenpflegerin, wohlgemerkt.

Dass er höchstwahrscheinlich weniger verdient als sie beziehungsweise als andere, die ebenfalls nicht für körperlichen Einsatz bezahlt werden, finden sie in Ordnung. Schließlich gibt es ja auch noch andere Kompetenzen, die zählen. Zählen müssen.

Okay, die hat die Altenpflegerin vielleicht auch. Aber bei ihr zählen sie nicht, zumindest schlagen sie nicht zu Buche. So ist das eben: Die Altenpflegerin verdient weniger als der Maurer, der Maurer verdient weniger als der Supermarktfilialleiter, die Spitalsärztin verdient weniger als der Mittelbetriebsmanager.

Weil, zweitens: der Markt. Er entscheidet. Wenn er entscheidet, dass die Leistung der Altenpflegerin – und ja, auch die des Altenpflegers – wenig wert ist, dann müsse das eben hingenommen werden. Im Übrigen sei es unzulässig, Äpfel mit Birnen zu vergleichen.

Aber, Irrtum, genau darum geht es. Nämlich um die Frage, was uns Äpfel und Birnen – warum – wert sind, gewissermaßen. Denn wenn sich Menschen beispielsweise bereit zeigen, mehr Geld für Birnen auszugeben, dann bedeutet das nicht unbedingt, dass Birnen das bessere Obst sind. Kaufentscheidungen werden nicht rational, aufgrund streng objektiver Kriterien getroffen. Sie sind beeinflussbar. Und sie werden beeinflusst bis manipuliert.

Nein, keine Verschwörungstheorie. Sondern die Feststellung: Common Sense ist keine Eingebung einer höheren Macht. Preise werden gepusht, Löhne werden gedrückt, dahinter stehen Profitinteressen und nicht das heiße Bemühen um eine adäquate Bewertung von Qualität und Leistung. Deswegen ist auch kein Geschlechterkampf der ArbeitnehmerInnen angesagt, sondern gemeinsame Kritik am bestehenden Ungleichgewicht gefordert. Der freie Markt ist kein gerechter Gott, an dessen Ratschlüssen nicht gezweifelt werden darf. Marktmechanismen sind von Menschen gemacht, und sie sind beeinflussbar. Marktmechanismen haben was mit Gesellschaftspolitik zu tun, und Genderpolitik ist Gesellschaftspolitik.

Daher ist es sehr wohl zulässig, Berufe und Branchen miteinander zu vergleichen, und wenn sich herausstellt, dass Berufe und Branchen, in denen Frauen überwiegen, generell schlechter bezahlt werden, dann hängt das mit Rollenbildern und ihrer gesellschaftspolitischen Bewertung zusammen. Ja, auch der Altenpfleger verdient schlechter als der Maurer, weil er das weibliche Rollenbild bedient, das nicht so hoch im Kurs steht wie das männliche. Und das ist ebenfalls eine Ungerechtigkeit, die diskutiert werden muss. Denn es geht nicht, wie fälschlich behauptet, nur darum, ein paar Verbesserungen ausschließlich für Frauen herauszuschlagen, sondern darum, unser gesellschaftliches Gefüge neu zu überdenken.

Aus Dänemark schreibt mir ein Österreicher, Pflegewissenschafter sowie diplomierter Gesundheits- und Krankenpfleger: „Mein Einkommen hier in Dänemark liegt eindeutig weit über dem dänischen Medianeinkommen, während ich in Österreich ein Gehalt knapp unter oder direkt am (österreichischen) Medianeinkommen erhielt (inkl. Zulagen wie Nachtdienst oder Wochenende)."

Auch in Dänemark sind in der Krankenpflege überwiegend Frauen tätig. Aber, und das macht den Unterschied, nicht zu Dumpinglöhnen, weil der gesamte Bereich der Sozialarbeit dort ein höheres Ansehen genießt, das sich auch in höherer Bezahlung niederschlägt.

Das Gehaltsgefüge ist überdenk- und änderbar. Seit Jahren wird von einer notwendigen Neubewertung der Arbeit geredet, passiert ist jedoch allenfalls eine geringere Bewertung akademischer Qualifikationen, nicht aber eine – auch finanzielle – Aufwertung von Sozialberufen und persönlichen Dienstleistungen (die zum Teil mit hartem körperlichem Einsatz verbunden sind). Dass die Hacklerregelung nicht von Hacklern, sondern mehrheitlich von Beamten in Anspruch genommen wird, ist nur ein Indiz dafür, wie wenig gerecht es zugeht auf dem Sektor Leistung und Lohn. „Technisches Know-how schafft wirtschaftlichen Mehrwert", schreibt mir ein Leser. Und fügt hinzu: „Um es provokant auszudrücken: Die Techniker bezahlen zu einem guten Teil über den Umweg des Staats die Altenpfleger."

Ja, und zwar mit gutem Grund, weil AltenpflegerInnen nämlich gebraucht werden in unserer Gesellschaft. Die Finanzierung eines funktionierenden, halbwegs sozialen Staatswesens ist keine Frage von Gnade und Güte, sondern erfolgt aus der vernünftigen Einsicht in Notwendigkeiten.

Dass Gewinnmaximierung nicht alles ist, musste schon der alte Midas erfahren. Gold kann man nicht essen und nicht trinken. Gold redet nicht mit dir und füttert dich nicht, wenn du im Rollstuhl sitzt. Wenn du essen und trinken und getröstet und gefüttert werden willst, musst du von deinem Gold was abgeben.

Im Cocktailschürzchen

September 10 2012

Die 1960er werden zur Ära der heilen Familien verklärt.

Schwangere Teenager wurden in Heime verbannt und mussten unbezahlt Zwangsarbeit verrichten, um ihren Sündenfall zu büßen. Das war vor fünfzig Jahren, und es entsprach dem Zeitgeist. So waren die 1960er. Nicht nur, aber auch. Inzwischen werden sie mehr und mehr zur Ära der heilen Familien verklärt, als Vati angeblich noch anstandslos den Ernährer gab und Mutti im Cocktailschürzchen Toast Hawaii zum Nachtmahl servierte. Erst kürzlich veröffentlichte das Marktforschungsinstitut Spectra eine Umfrage, deren Ergebnis in den Medien heftig debattiert wurde.[6] Es besagte, dass eine gestiegene Zahl von Österreicherinnen und Österreichern tradierte Rollenbilder (samt entsprechender Arbeitsteilung) gut findet. Von einem möglichen Comeback der Fulltime-Hausfrau wurde daraufhin geschrieben und von einer allgemeinen Sehnsucht nach den idyllischen 1960er-Jahren.

Tatsächlich sind Träume von ultimativ heilen Verhältnissen nichts anderes als der Traum vom heißen Eislutscher. Wenn Sehnsuchtsvorstellungen von einer geordneten Welt, in der alle zufrieden sind, heute auf das Setting der 1960er projiziert werden, dann zeugt das nur von einer Unkenntnis dieser Zeit und einer verfälschten Überlieferung. Jüngere Menschen, die vom Styling Jackie Kennedys oder dem der Hausfrauen aus Mad Men auf ein elegantes, sorgloses Leben damals schlie-

---

6 www.spectra.at/fileadmin/user_upload/Spectra_Aktuell_Archiv/2012/Aktuell_10_12_Rollenbild.pdf

ßen, wissen nicht, wie es wirklich zuging. Es ging in Wahrheit nicht besonders elegant zu und höchst selten sorglos. Restriktion, wohin man schaute, besonders für (Haus-)Frauen und Mädchen. Moralinsaure Heuchelei. Selbstverständlicher Sexismus. Wenig durchlässige gesellschaftliche Hierarchien.

Was Frauen sich vermutlich vorstellen, wenn sie vom Hausfrauendasein träumen: Kein Stress. Kein Arbeitsleid. Morgens länger schlafen. Versorgt sein. Ausreichend Geld, das ein anderer verdient. Ein schönes Haus. Ein liebenswürdiger Ehemann, der gut gelaunt Karriere macht, damit es seiner Familie an nichts fehlt. Mit den Kindern lustige Sachen unternehmen. Erfüllte Tage bei kreativer Marmeladenherstellung und fröhlichem Kuchenbacken. Rote Rosen zum Hochzeitstag.

Was sich eine Frau höchstwahrscheinlich nicht vorstellt, wenn sie vom Hausfrauendasein träumt: Staubsaugen, Badewannen scheuern, Klos putzen und hinter jedem Familienmitglied herräumen sollen, weil die Mama ja eh nichts anderes zu tun hat. Knausern müssen. Diskussionen über jede Geldausgabe. Streitende Kinder. Den ganzen Tag mit keiner erwachsenen Person reden können und abends einen grantigen Ehemann in Ruhe lassen sollen. Harsche Kritik an der kreativen Marmelade.

Nun ist natürlich nicht gesagt, dass Berufstätigkeit vor Staubsaugen, Kochen, maulenden Familienmitgliedern und der Notwendigkeit des Sparens schützt. Und bestimmt träumt manche Hausfrau nicht vergeblich von Rosen zum Hochzeitstag. Aber trotzdem: Das Hausfrauenbild, das beschworen wird, wenn tradierte Rollenmuster gepriesen werden, ist kein realistisches. Bewusst werden Abhängigkeit, Mühsal und ein ungesicherter Lebensabend ausgespart.

Was die Idee vom Daheimbleiben wieder attraktiver macht, ist im Grunde leicht erklärt. Der Stress hat zugenommen, das Berufsleben wird immer härter, die Gehälter sinken, Kindergärten und Ganztagsschulen sind in bestimmten Regionen immer noch dünn gesät, und Hausarbeit ist vielfach nach wie vor alleinige Frauensache, Berufstätigkeit hin oder her. Klar macht das wenig Freude. Doppel- und Dreifachbelastung: Da träumt frau schon davon, wenigstens eine der Belastungen los zu sein. Und weil sie ja schließlich Kinder und Mann gern behalten möchte, kann sie sich am ehesten noch vorstellen, den Beruf aufzugeben. Wenigstens manchmal. Theoretisch. Zumal die Arbeitswelt mehr und mehr bewusst als Gegensatz zu Familie konstruiert und inszeniert wird. Wer reüssieren will, muss, so heißt es, immer im Einsatz und ständig abrufbar sein, soll ganz der Firma beziehungsweise dem (prekären) Job gehören, darf in Gedanken, Worten und Werken nur um die Berufsarbeit kreisen. Nicht sehr verlockend.

Praktisch allerdings wissen Frauen (und Männer) offenbar durchaus, dass Berufstätigkeit trotzdem nicht blöd ist. 81 Prozent der von Spectra Befragten fanden, sie sei das beste Mittel für Frauen, unabhängig zu sein.

Was also? Nochmals: Das Unbehagen an den heutigen Zuständen resultiert nicht aus der Tatsache, dass Mutti beim Autokauf mitreden und selbstständig entscheiden darf, ob sie neue Zahnbürsten für die Familie anschafft, sondern aus der zunehmenden Brutalisierung der Arbeitswelt. Weswegen eine Lösung in deren Umgestaltung liegen würde. Beruf müsste – für Frauen wie für Männer – vereinbar sein mit einem halbwegs erfüllenden Privat- und Familienleben.

78 Prozent der von Spectra Befragten meinten übrigens, dass es Männer im Berufsleben leichter hätten als Frauen. Seltsamerweise zog niemand daraus den Schluss, die Frauen sollten es künftig im Beruf wenigstens genauso leicht haben wie die Männer. Stattdessen: Verklärung der klassischen Rollenbilder. Na ja. Strengt nicht an und kostet nix, zumindest auf den ersten Blick.

Was sein wird

Oktober
8
2012

Man muss rechtzeitig – aber was? Wie sollen wir auf Defizite reagieren, die wir noch nicht kennen?

Es ging ganz schnell. Umgeknöchelt auf Plateausohlen (bitte keine Kommentare zu Plateausohlen, ich kenne sie alle), fünfter Mittelfußknochen gebrochen. Den Juli verbrachte ich mit Gipshaxn. Von einem Moment auf den anderen: Humpeln und Hatschen statt Herumwieseln wie üblich. Autofahren nicht möglich.

Mein kleines Haus ist hundert Jahre alt. Seinen Charme machen unter anderem die vielen unterschiedlichen Ebenen darin aus. Plötzlich waren sie total uncharmant. Stiegen und Stufen zwischen den Räumen und sogar innerhalb mancher Räume. Mit Krücken (und ungeübt in deren Gebrauch) ein Horror. Als der Gips aushärten sollte und ich deswegen keinesfalls auftreten durfte, rutschte ich abwechselnd auf Knien und Hintern treppauf, um den Hals hing mir eine Tasche mit den zu befördernden Dingen wie Handy, Brillen, Terminkalender. Eine entwürdigende Aktion.

Meine Umgebung war rührend hilfsbereit. Man kaufte für mich ein und chauffierte mich, ich sollte anrufen, wenn ich was brauchte, abends kamen die Tochter oder Freundinnen und Freunde vorbei, packten mich ins Auto und fuhren mit mir zum nächsten Heurigen, um einem etwaigen Lagerkoller vorzubeugen. Eine erfreuliche Erfahrung. Indes kein Langzeitkonzept. Visionen von Hilflosigkeit im höheren Alter stellten sich ein. Einsames Dahinvegetieren, um niemandem zur Last zu fallen. Grauenvoll. Man sollte beizeiten – ja, was? Das Problem ist, dass ich keine Ahnung habe, was sein wird.

Wie alle anderen auch. Woran wird es uns fehlen, auf welche Defizite sollen wir uns einrichten, was werden wir brauchen? Vielleicht bleiben wir ja halbwegs rüstig. Falls nicht, welche Einschränkungen kommen auf uns zu? Es macht nämlich einen Unterschied, ob man schlecht sieht oder nix hört oder nimmer gehen kann, ob das Hirn nicht mehr mitmacht oder die Muskulatur oder die Leber.

Was nützt mir die barrierefreie Wohnung, wenn meine Altersbeschwerden gar nichts mit meinem Bewegungsapparat zu tun haben? Wären Sie halt. Hätten Sie halt. Warum haben Sie nicht längst? Das kommt davon, weil die Eltern nicht rechtzeitig ... Was ist die rechte Zeit wofür? D., meine Freundin seit Langem, einst sportlich und taff, hat ein heimtückisches neurologisches Leiden aufgerissen, das ihr die Kontrolle über ihre Muskeln entzieht. Sie braucht Hilfe beim Gehen, Stehen, Essen, Waschen, Anziehen. Seit einiger Zeit benützt sie einen Rollstuhl.

Vor vielen Jahren ist sie in den Süden gezogen. Dort will sie bleiben, in ihrem Haus, am Meer, unter der Glyzinienlaube und den Feigenbäumen. Ihr Mann ist gestorben, ihre Kinder wohnen und arbeiten in Österreich. Warum übersiedelt sie nicht hierher zurück?

Darum: Weil sie an ihrem Heim hängt. Weil sie an dem Land hängt, das ihr Heimat geworden ist. Weil sie an ihrer Autonomie hängt, auch wenn die nur noch mit äußerster Anstrengung und unter Aufzehrung aller finanziellen Reserven mehr schlecht als recht aufrechterhalten wird.

Ihre Betreuungspersonen wechseln. Die letzte Putzfrau hat sie hemmungslos bestohlen. Die Nachbarn, die immer eine Ersatzfamilie waren, haben gravierende eigene Sorgen. Und dennoch. Was wäre die Alternative? Ein Bett in einem Pflegeheim, mit Blick auf graue Häuserwände?

Cousine S. ist über achtzig, blitzgescheit nach wie vor,

wach, interessiert, aber körperlich zunehmend schwach. In immer kürzeren Abständen liegt sie darnieder. „Bringt mich nur nicht ins Spital", sagt sie dann, „lasst mich liegen, ich werd schon wieder, und wenn nicht, ist es auch egal." Es ist uns aber nicht egal, wir können sie nicht einfach liegen lassen, wie stellt sie sich das vor? Wir sind besorgt und aufgebracht, warum weigert sie sich so beharrlich, mobile Dienste in Anspruch zu nehmen, Essen auf Rädern und Heimhilfen, das gibt's doch alles?

Zu teuer, behauptet S., das kann ich mir nicht leisten. Ihre Rente ist klein, aber nicht klein genug, um sie zum Sozialfall zu machen. Außerdem schmeckt ihr das Essen auf Rädern nicht, fader Einheitsfraß. Und vor fremden Leuten, die sich in ihren Haushalt mischen, graut ihr. Ihr habt doch keine Ahnung, sagt sie.

Richtig. Wir haben keine Ahnung. Noch nicht. Wir meinen es gut, auch mit uns. Wir wollen uns keine Sorgen machen müssen. Ist eh alles bestens geregelt. Wie man sich bettet, so liegt man. Daran wollen wir glauben. Warum sind die Alten nur so stur? So uneinsichtig?

Die Frage ist: Was sollen sie einsehen? Was werden wir einsehen wollen? Dass wir den Jüngeren gefälligst keine Schwierigkeiten machen sollen, indem wir uns in ein reduziertes Dasein fügen, gefüttert, gewaschen, mit Pillen versorgt, ohne Erinnerung an Ansprüche, die wir früher ganz selbstverständlich an unser Leben gestellt haben?

Wir werden dem Schicksal keine jungen Körper abtrotzen können, das ist schon klar, und insofern ist Fügsamkeit zwangsläufig angesagt. Aber eben nur im jeweils unumgänglichen Ausmaß. Und wir müssen dabei nicht unentwegt lächeln, und wir dürfen ein Stück Unvernunft in unsere alten Tage retten. Sie werden doch mit achtzig keine Plateausohlen tragen wollen? Doch. Wollen schon. Und überhaupt: Wer weiß.

Mädchen

Februar
4
2013

Geringschätzung. Übergriffe. Wie das in meiner Jugend so war. Und wie es immer noch ist.

Woran ich mich erinnere: an einen Chefredakteur zum Beispiel, der mich konsequent mit *Mädchen* anredete. War nicht bös gemeint. Ich war ja ein Mädchen damals. Allerdings hab ich ihn nie zu jungen Männern *Burschi* sagen gehört.

Oder an einen Kollegen, der mich erbost im Frankfurter Rotlichtviertel stehen ließ, nachdem ich mich aus seiner überfallsartigen Umklammerung befreit hatte. Wir waren auf dem Rückweg von einer Pressekonferenz. Weil ich nicht willig war, setzte er mich auf dem Straßenstrich aus. War nicht weiter schlimm, ich brauchte keinen Beschützer, aber er hatte wohl gehofft, er hätte mir eine Lektion erteilt, denn im Hotel lauerte er mir vor meiner Zimmertür auf und wurde erneut handgreiflich. Warum hab ich still mit ihm gerungen, statt laut zu brüllen? Weil es mir peinlich war. Weil ich damit rechnete, dass mir die Schuld gegeben würde: Irgendwie wirst du ihn doch herausgefordert haben.

Ich erinnere mich auch an ein heftiges Handgemenge mit dem Pressechef eines großen Konzerns. An zotige Mutmaßungen über mein Liebesleben. An Komplimente aus der Verbraucherperspektive, denen zufolge ich ein fescher Hase war, den man gern vernaschen würde. An – nein, das wird zu lang. Die Kurzfassung: Paternalistische Geringschätzung, herablassendes Taxieren, versuchte sexuelle Übergriffe, sowas war in meiner Jugend an der Tagesordnung. Wir wurden früh darauf trainiert, unseren Objektstatus zu akzeptieren. Ich weiß noch, wie wir, eine Mädchenklasse, im Deutschunterricht Missfallen an Goethes herrischem Frauenkonsum äußerten, worauf die Deutschlehrerin mit bebender Stimme erklärte, jede Frau, die von einem Genie (wahr)genommen würde, könne sich geadelt fühlen.

Sexuelle Belästigung, auch von Nicht-Genies, sollte von uns als Schmeichelei interpretiert werden. Schließlich bescheinigte Mann uns damit, begehrenswert zu sein. Deshalb war es ganz leicht, uns im Empörungsfall zu diskreditieren. Was bildet die sich denn ein? Also, so schön ist die wirklich nicht. Das hätte sie wohl gern. Einen Belästiger abblitzen zu lassen, ließ für den Belästiger nur folgende Erklärungen zu (die er auch sofort verbreitete): Die ist verklemmt/frigid/lesbisch. Nun sollte lesbisch ja nicht unter üble Nachrede fallen, aber erstens kam das seinerzeit durchaus so an, in einer Gesellschaft, in der Homosexualität tabuisiert war, und zweitens will sich frau ihre sexuelle Orientierung schließlich selber aussuchen.

Grob kategorisiert gab es zwei Sorten von Sexisten in meiner Jugend: einmal die konservativen Säcke aller Altersstufen, die völlig ungeniert von ihrer männlichen Überlegenheit und dem Vorrang ihrer männlichen Bedürfnisse ausgingen, und dann die progressiven Schwätzer, die Frauenrechte zum Nebenwiderspruch erklärten, die Genossinnen zum Kaffeekochen abkommandieren wollten und von sexueller Befreiung tönten, wenn sie ihre Klugscheißer-WG mit barbusigen Maskottchen teilten, die, siehe Goethe, froh sein sollten, mit ihnen vögeln zu dürfen. (Ja, das war der Jargon, tut mir leid.)

Scheint heute, so viele Jahre danach, nicht so viel anders zu sein. Auf der einen Seite die Brüderles, gemütliche Machthaberer, auf der anderen Seite frauenverachtende Nerds wie die deutschen Piraten, die die Hälfte der Menschheit als Tussen und Schlampen sehen, vor allem, wenn sie es wagen, Kritik an ihnen zu üben.

Aber jetzt: Aufschrei, Aufstand, Zoff. Gut so. Allerdings setzt auch schon wieder das Beschwichtigen ein: Habt euch doch nicht so. Nicht so lustfeindlich. Soll denn alles kontrolliert, reglementiert, verboten sein?

Ach, Leute. Verboten ist nicht die Lust, sondern das Erzwingenwollen von Lust. Ist doch gar nicht so schwer, erwünschte Annäherung von Belästigung zu unterscheiden, die Schlüsselworte heißen Augenhöhe und Respekt. Annäherung findet auf Augenhöhe statt, Belästigung degradiert Frauen zum frei verfügbaren Objekt. Wenn beide wollen, ist es ein Flirt. Wenn nur einer will, ist es keiner. Belästigung ist das Gegenteil von erotisch. Da knistert nix, da sprühen keine Funken, da wird nur versucht, Macht auszuüben. Eine Frau zu taxieren wie eine Ware und ihr dann zu sagen, dass ihre Einzelteile der Fleischbeschau standgehalten haben (Brüderle: „Sie könnten ein Dirndl ausfüllen!"), ist kein Kompliment, sondern Respektlosigkeit. Wenn eine Szene mit vertauschten Rollen schwer vorstellbar wäre (Altpolitikerin sagt jungem Journalisten, was sie von seinem knackigen Hintern hält), ist grad was schiefgelaufen. Denn okay ist nur, was in jeder Konstellation okay wäre.

Ist ja nicht so, dass kein Mann das kapiert. Ich hatte auch Chefredakteure, die mich trotz meiner Jugend ernst genommen haben. Und es gab und gibt Männer, die sehr gut wissen, wie man einer Frau Sympathie, auch Interesse, signalisiert und wie nicht. An ihnen zeigt sich, dass es möglich und nicht einmal so schwierig ist, den richtigen Ton zu treffen.

Also bitte keine Gräuelpropaganda, dass harmlose Charmeure im Gefängnis landen werden, wenn dem Alltagssexismus der Kampf angesagt wird! Charmeversprüher und Diskriminierer sind unterscheidbar. Was oft fehlt, ist der Wille zur Unterscheidung, und zwar aufseiten der Diskriminierer.

Omas Küche

März
4
2013

Millionen Bio-Eier waren keine. Und wer ist jetzt schuld? Wieder die geizige Konsumentin?

Schon wieder ein Lebensmittelskandal: Millionen Eier aus Legebatterien wurden als Bio-Eier deklariert und verkauft! Das ist auch insofern blöd, als diesmal nicht die geizigen KonsumentInnen zu Schuldigen erklärt werden können. Die KäuferInnen der Bio-Eier waren ja guten Willens, für Qualitätsware mehr Geld auszugeben. Leider haben sie keine Qualitätsware dafür erhalten. Was jetzt? Den Rat einer berüchtigten Expertin anwenden und künftig eigene Hühner auf der Terrasse halten? Hm. Wo führt das hin? Getreideanbau im Wohnzimmer, Fischzucht in der Badewanne, Kräutergarten unterm Bett?

Bis jetzt ließ sich die Verantwortung für gepantschte, verfälschte, minderwertige Nahrungsmittel ganz gut auf die Verbraucher abschieben. Wollen möglichst billig aussteigen, scheren sich nicht um Qualität, sind zu faul, um anständig zu kochen. Nun zeigt sich: Auch der Griff zu angeblich hochwertigen Produkten schützt nicht vor Beschiss, im Gegenteil, der Beschiss verdoppelt sich, weil das minderwertige Zeug auch noch mehr gekostet hat.

Vielleicht könnte man ja neue Argumente in die Debatte bringen? Zum Beispiel diese: Es ist nicht verwerflich, wenn Menschen sich scheuen, gut ein Drittel ihres monatlichen Einkommens allein für Lebensmittel auszugeben. Es ist nicht verwerflich, sich der lustvollen Tätigkeit des Kochens nicht täglich zu widmen, und man verdient es nicht, dafür einen frühen Tod infolge gesundheitsgefährdender Nahrungsbestandteile zu sterben. Es ist daher nicht verwerflich, wenn

Menschen auf – ganz oder teilweise – vorgefertigte Produkte zugreifen wollen, und es ist vermeidbar, dass diese Produkte gesundheitsschädlicher Mist sind. (Wurst zum Beispiel muss nicht zwangsläufig aus fragwürdigem Abfall gemacht werden.) Und es ist nicht verwerflich, gesunde und leistbare Nahrungsmittel in der näheren Umgebung vorfinden zu wollen, statt zu diversen Biobauern hinter den sieben Bergen fahren zu sollen, von denen einer auf alte Erdäpfelsorten, ein anderer auf Wurzelgemüse und der dritte auf Lammfleisch spezialisiert ist.

Wir sollen, wird uns gepredigt, wieder zu Omas Küche zurückkehren. Um welche Omas und um welche Küchen handelt es sich dabei? Die heute Sechzigjährigen haben als junge Mütter bereits zu Tiefkühlgemüse gegriffen und Frankfurter Würstel arglos als kindgerechte Mahlzeit definiert. Die heute Achtzigjährigen haben als Kinder gehungert und als junge Hausfrauen Mayonnaiseei und Toast Hawaii für eine Bereicherung des Speisezettels gehalten. Wer und was ist also gemeint? Ja, ich weiß schon, gemeint ist die Oma als zeitlose Symbolfigur, als mythische Protagonistin einer vergangenen heilen Welt, Brot backend, Kräuter züchtend, Gemüse einlegend, eine Kochkünstlerin von hohen Graden.

Tatsächlich war gesundes und wohlschmeckendes Essen für frühere Generationen jedoch keine Selbstverständlichkeit. In Arbeiter- und Kleinhäuslerhaushalten sowieso nicht, aber auch in bürgerlichen und bäuerlichen Familien gab es statt ausgewogener, vitaminreicher Mahlzeiten häufig einfallslose, kohlehydrat- und fettlastige Gerichte. Nockerl, Knödel, Sterz, Aufläufe. Zu Tode gekochtes, eingebranntes Gemüse. Dass Blattsalate kein Kaninchenfutter sind, ist eine relativ junge Erkenntnis.

Das Beschwören einer mehr oder weniger virtuellen Vergangenheit wird uns also nicht weiterhelfen. Was dann?

Selbstverständlich stehen auch unsere Essgewohnheiten zur Debatte. Dass wir Junk in uns hineinschaufeln, der von Weitem als solcher erkennbar ist, lässt sich vermeiden. Dass wir mehr Gemüse und weniger Fleisch essen sollen, ist ein vernünftiger Rat. Dass sich aus Gemüse relativ schnell einfache, aber gute Mahlzeiten herstellen lassen, stimmt. (Es wäre fein, wenn sich das auch zu den Gastro-Betrieben durchsprechen wollte, die unter dem Titel *Unsere vegetarischen Spezialitäten* hauptsächlich Kasnocken und Palatschinken anbieten.) Aber unsere Essgewohnheiten entlassen die Produzenten nicht aus ihrer Verantwortung, Nahrungsmittel zu produzieren, die diese Bezeichnung verdienen, und den Handel nicht aus der Verpflichtung, solche Nahrungsmittel in ausreichender Menge anzubieten. Gemüse zu essen bringt nämlich nichts, wenn es bloß pestizidverseuchtes Grünzeug zu kaufen gibt.

Halbtagsschule

September 16 2013

Halbtagsschule: wem sie entgegenkommt.
Den Kindern? Nicht unbedingt. Den Eltern?
Nur einigen.

Eltern, die dagegen sind, stellen die Ganztagsschule gern als Kindergefängnis dar, in dem Kinder indoktriniert und ihren Eltern entfremdet werden sollen. Diese Darstellung ist falsch. Auch Halbtagsschulen können Kindergefängnisse sein, wenn sie schlecht sind. Die gute Ganztagsschule jedoch ist ein Ort, an dem Kinder sich mindestens so wohlfühlen wie in der guten Halbtagsschule, mit dem zusätzlichen Vorteil, dass auch Kinder, mit denen daheim niemand lernen und üben kann, gefördert werden. In der Regel dauert sie bis vier oder fünf am Nachmittag, weshalb danach durchaus noch Zeit ist für ein Familienleben. Im Streit um die Ganztagsschule geht es in Wahrheit auch weniger um die Interessen der Kinder, als vielmehr um die der Eltern, vor allem die der Mütter.

Ganztagsschule heißt in der Praxis: Mama kann einem Beruf nachgehen (statt allenfalls stundenweise dazuzuverdienen). Halbtagsschule heißt: Mama ist entweder daheim, oder sie hat ein Problem, die Nachmittagsbetreuung der Kinder zu organisieren – in der Stadt weniger, auf dem Land sehr. Auch auf dem Land leben nämlich die Menschen entgegen idyllischen Vorstellungen nicht in Familienverbänden, wo didaktisch gebildete Großeltern zur Verfügung stehen, die nichts anderes zu tun haben, als die Enkelkinder zu versorgen und mit ihnen die Aufgaben zu machen.

Für die Halbtagsschule plädieren also vor allem Mütter, die gern auf ein Berufsleben verzichten, und Väter, die ihre

Kinder und sich selber gern von ihren Frauen versorgen lassen. Diese Elternpaare gehören in der Regel der Mittelschicht an, wo es sich finanziell ausgeht, wenn nur ein Elternteil verdient. Sehr oft haben sie das angestrebte Sozialprestige (noch) nicht in dem von ihnen erträumten Umfang erreicht, weshalb es ihnen wichtig ist, sich und ihre Kinder abzugrenzen von dem Pöbel, der darauf angewiesen wäre, dass die Schule soziale Defizite ausgleicht. Zu den wirklich Wohlhabenden und Maßgeblichen zählen sie nicht. Die schicken ihre Kinder im Bedarfsfall in ganztägig geführte Privatschulen. Der Bedarfsfall ist in diesen Kreisen häufig gegeben, denn die top ausgebildeten jungen Mütter der Oberschicht wollen ihre Karrierechancen wahrnehmen, während begeisterte Hausfrauenmütter das Berufsleben auch deswegen scheuen, weil sie ihre Karriereaussichten möglicherweise – und möglicherweise nicht ganz unrealistisch – als bescheiden einstufen. Trotzdem fühlen sie sich als Verzichtende, nicht zu Unrecht, denn selbst der Verzicht auf eine bescheidene Karriere und das damit verbundene Einkommen ist ein Verzicht.

Diesen Verzicht üben zu wollen, ist selbstverständlich ihr gutes Recht. Nicht einzusehen ist jedoch, warum alle anderen ihrem Beispiel folgen sollen. Derzeit kann aus einer Schule nur dann eine Ganztagsschule werden, wenn zwei Drittel der Eltern und der LehrerInnen an dieser Schule zustimmen. Oder anders gesagt: Eine Minderheit von einem Drittel plus einer Stimme kann das verhindern. Warum? Weil tradierte Rollenbilder immer noch als Norm gelten, von der nur mit überwältigender Mehrheit abgewichen werden darf?

Die meisten Mütter heutzutage wollen oder müssen einem Beruf nachgehen. In den Elternvertretungen sind sie allerdings in der Minderheit, denn dort dominieren konservative Väter, denen konservative Mütter den Rücken freihalten für derlei Engagements. Die nicht nur vielzitierte, sondern auch häufig vorkommende Alleinerzieherin hingegen hat meist keine Zeit dafür. LehrerInnen wiederum haben den Beruf nicht selten auch wegen der besseren Vereinbarkeit mit Familienpflichten ergriffen. Die bessere Vereinbarkeit hängt allerdings von der Möglichkeit ab, die Schule mittags verlassen zu können. Weswegen ihr Votum entsprechend ausfällt. Wirklich repräsentativ wären diese Abstimmungen nicht einmal dann, wenn eine einfache Mehrheit genügte, um zu einem Ergebnis zu kommen.

Zugegeben, es muss sich viel ändern an der räumlichen und personellen Ausstattung von Schulen, wenn sie ganztägig geführt werden sollen. Die SchülerInnen brauchen mehr Platz. Die LehrerInnen brauchen mehr (Arbeits-)Platz. Das Essen, das Kinder und Lehrpersonal kriegen, soll gesund sein und nicht vom Großküchenfließband kommen. Und so weiter. Eine detaillierte Beschreibung erübrigt sich insofern, als die Notwendigkeiten kein Geheimnis sind. Kennen sich eh alle aus, die sich damit beschäftigt haben.

Dass gute öffentliche Ganztagsschulen möglich und leistbar sind, hüpfen uns längst andere Staaten (besonders die skandinavischen) vor. Es krankt bei uns also nicht an der Machbarkeit, sondern an der Bereitschaft dazu. Und die wird von einer Minderheit torpediert.

Endlichkeit

Februar
3
2014

Abbado hat mich verlassen. Jeder Tod ein persönlicher Verlust. Und wie weiß man, wann genug genug ist?

Claudio Abbado. Karl Löbl. In der Post die Todesanzeige eines ehemaligen Kollegen. Und Henning Mankell sterbenskrank. Das Unausweichliche rückt näher. Jeder Tod ein persönlicher Verlust. Auch die alten Promis waren ja Lebensbegleiter. Nun hat mich Abbado verlassen. Mein Kosmos schrumpft. Die Nachfolgenden sind kein Ersatz. Es ist schön, dass welche nachfolgen, aber sie füllen nicht die Lücken in meinem vermeintlichen Sicherheitsnetz, das mir Beständigkeit in einer unsicheren Welt zumindest vorgegaukelt hat. Natürlich, es hätte immer schon gleich aus sein können. Aber die Wahrscheinlichkeit, dass es nun tatsächlich bald aus ist, galoppiert schneller und schneller auf mich zu.

Würde ich wirklich noch einmal jung sein wollen? Oh ja, trotz aller Ängste, Unsicherheiten, Bedrohungen. Viel Leben vor sich haben. Das Gefühl, dass die Welt nur darauf wartet, erobert zu werden. Verliebtsein mit Zukunftsaussicht statt bestenfalls noch ein Weilchen gemeinsam dem drohenden Ablaufdatum zu trotzen.

Wenn ich drei Wünsche frei hätte (und Unsterblichkeit, für mich und für alle, die mir was bedeuten, keine Option wäre), einen wüsste ich sofort: ein gnädiger Tod.

Die Endlichkeit des Lebens ist eine narzisstische Kränkung. Wenn sie denn schon hingenommen werden muss, dann sollte das Konzept wenigstens einen plötzlichen, würdevollen Abgang im hohen Alter vorsehen. Stattdessen:

schleichender Verfall, erschreckende Diagnosen, Schmerzen, Angst, Hilflosigkeit, Abhängigkeit, Würdelosigkeit. (Ja, Würdelosigkeit. Den Hintern oder auch nur die Zähne geputzt kriegen zu müssen, macht dich nicht würdevoll, tut mir leid.) Das ist die Regel. Der Sekundenherztod nach einem Champagnerfrühstück oder das friedliche Einschlafen für immer sind die Ausnahmen. Was für ein Mist.

Jetzt also wieder einmal Diskussion um die Sterbehilfe. Die Vorstellung, selber entscheiden zu dürfen, wann es genug ist, hat etwas Bestechendes. Aber wann ist es genug, und warum? Die Antwort scheint einfach: Wenn es keine Hoffnung mehr gibt. Nicht objektiv, sondern subjektiv: Wenn der oder die Betroffene nicht mehr hoffen kann. Und wenn Freude nicht mehr vorstellbar ist.

Meine holländische Freundin entschloss sich zur Euthanasie, als feststand, dass es keine Heilungschancen für sie gab, nur die Aussicht auf Schmerzen, denen das Morphium demnächst nicht mehr gewachsen sein würde. Programmierter Tod. Sie wusste, wir wussten: nächste Woche, an diesem Tag, zu dieser Stunde. Sie sah es als Erlösung, und dennoch war dieses Wissen um ihr terminisiertes Ende auf eine besondere Art bedrückend. Gesetzlich reglementierte, aktive Sterbehilfe, das heißt, die Grenzüberschreitung bewusst und unabänderlich herbeizuführen, und zwar zu einem notwendigerweise bürokratisch zu fixierenden Zeitpunkt.

Völlige Hoffnungslosigkeit ist für alle, die noch hoffen dürfen, schwer vorstellbar. Und besteht nicht überhaupt die Gefahr, dass sie in manchen Fällen vielleicht (noch) gar nicht angebracht ist? Man kann immer auf ein Wunder hoffen – Wunder geschehen. Vielleicht bringt der nächste Tag noch eine Freude? Man kann sich immer wieder freuen, und sei es über Kleinigkeiten, sofern man an keinen Schmerzen leidet und von liebevoller Fürsorge umgeben ist.

So argumentieren jedenfalls die GegnerInnen der Sterbehilfe. Verzweiflung, sagen sie, resultiert vor allem aus unzureichender Schmerztherapie und dem Gefühl der Verlassenheit. Sie ist vermeidbar. Palliativpflege statt Euthanasie.

Klingt einleuchtend. Und trotzdem bleibt ein großes Stück Furcht. Denn tatsächlich gibt es ein Ausmaß an Schmerzen, das nicht mehr unter Kontrolle gehalten werden kann. Und wie es ausschaut, ist gute Palliativpflege für alle, die sie brauchen würden, nicht mehr als ein frommer Wunsch. Erstens kostet sie viel. Und zweitens garantiert nicht einmal der Einsatz von viel Geld, dass sich auf jeden Fall Pflegende finden, die genauso empathisch, liebevoll, fürsorglich und einsatzbereit sind, wie sie idealerweise sein sollten.

An Stellen wie dieser wird gern harsche Kritik an den Angehörigen geübt, die, so heißt es, die Kranken abschieben und den Tod auslagern wollen. Doch so ist es nicht. Die meisten Betreuungsfälle werden ohnehin von ihrer nächsten Verwandtschaft betreut. Allerdings leiden die Gepflegten oft unter dem Bewusstsein, ihren Lieben zur Last zu fallen, und die Pflegenden brechen unter dieser Last fast zusammen. Den Todeskampf eines geliebten Menschen mitanzusehen, ist zudem emotional kaum aushaltbar. Die Erlösung, die man ihm wünscht, wünscht man auch sich selber, aber ist das verwerflich?

Ein gnädiges Ende. Keine Schmerzen haben. Sich nicht verlassen fühlen. Geliebt werden. Nicht ausgeschlossen sein. Niemandem zur schweren Last werden.

Was nicht sein dürfte: Sterbehilfe als Bankrotterklärung einer Gesellschaft, die es sich nicht leisten will, einem sterbenskranken Menschen erträgliche Lebensumstände bis zu seinem natürlichen Abgang zu bereiten.

Was schon sein dürfte: Schmerzbekämpfung bis hin zur

Ablebensbeschleunigung. Und – oh ja, das auch – die Option, sagen zu können: Genug ist genug. Theoretisch. Das Problem liegt darin, dass sie praktisch nicht zum Alternativ(an)gebot für Palliativpflege verkommen darf.

Verbotsgesellschaft?

April
14
2014

Auch wenn's wehtut: Es gibt kein Menschenrecht auf Discosound bis zum Morgengrauen.

Neulich, wieder einmal, in meinem Auto: Ich nehme einen mir bekannten Menschen mit, und er verweigert das Anschnallen. Sein freiheitsliebender Geist lehnt sich dagegen auf, dass er sich von einem Sicherheitsgurt einengen lassen soll. Feiges Sicherheitsdenken ist ihm fremd. No risk, no fun.

Das stört allerdings nicht nur mich, sondern auch mein Auto, das sogleich schrill und unaufhörlich protestiert. „Häng dich endlich an!", schreie ich. Seufzend kapituliert er vor dem doppelten Gebrüll, allerdings nicht, ohne mich zu fragen, wie ich es ertragen könne, mich von einem Auto unterjochen zu lassen. Es folgt ein längerer Sermon über unsere grässliche Verbotsgesellschaft. Entmündigung der Bürger („und Bürgerinnen" sagt er nicht, weil er sich selbstverständlich auch keine gendergerechte Sprache anschaffen lässt), Einschränkung der persönlichen Freiheit, Genussfeindlichkeit ...

Ich werfe ein, dass ich nicht an seiner Stelle sein möchte, wenn das Nicht-Anschnallen im Auto bereits einen nennenswerten Genuss für ihn darstellt. Ja, eh klar, er hat sich aufs Rauchen bezogen. Warum darf sich der Mensch nicht durch Rauchen umbringen, wenn er das will?

Darf er doch, sage ich, aber warum soll er mich umbringen dürfen, weil er mich zwingt, mitzurauchen?

Und so weiter. Eine fruchtlose Diskussion, ich kenne sie. Jeder – und jede – kennt sie inzwischen. Das Klagen über unsere angeblich so rigide Gesellschaft, die dem Einzelnen die Verantwortung für sich abnimmt, indem sie ihm nahelegt, beim Radfahren einen Helm zu tragen (statt Kinder selber herausfinden zu lassen, dass eine Kopfverletzung jetzt aber nicht so geil ist), halten ja nur noch diejenigen für originell, die diese Klagen absondern. Sie sehen sich als tiefsinnige Denker, die kühn den Zeitgeist gegen den Strich bürsten, und schwimmen doch längst im Mainstream mit. Aber was motiviert sie?

Zunächst einmal fällt auf, dass alle diese Freigeister, die angeblich nichts weniger können, als sich dem Mittelmaß und seinen kleinlichen Regeln anzupassen, in der Regel nicht durch Heldentaten auffallen. Reisen sie in Krisengebiete, um sich dort unangepasst den jeweiligen Unterdrückern entgegenzustellen? Das wieder nicht. Sie verpassen sich lieber bequem ein nonkonformistisches Image, indem sie gegen Ernährungsratschläge, Geschwindigkeitsbeschränkungen oder nächtliche Lärmverbote wettern. Es sei, schreibt zum Beispiel David Signer, Schweizer Autor und Mitarbeiter der angesehenen „Neuen Zürcher Zeitung", in seinem Pamphlet „Weniger Verbote! Mehr Genuss!" (das der Haffmans Verlag bewirbt, indem er die Freiheit zum Exzess propagiert), „höchste Zeit, die Sau rauszulassen – bevor sie stirbt".

Dieser Schlusspointe geht die Schilderung einer angeblich überreglementierten Welt voran, in der als „potenzieller Mörder gebrandmarkt" werde, wer „zweimal zu schnell gefahren" sei, und wo „die Dämonisierung der Prostitution" schon „so weit gediehen" sei, dass sich in Frankreich „eine Frau, die in einem Minirock und mit Kondomen in der Handtasche an einer Bushaltestelle" stehe, „potenziell strafbar" mache. „Dieses Pamphlet ist ein Genuss", befanden die „Dresdner Neuesten Nachrichten". Genuss ist halt eine Definitionsfrage. Aber offenbar treffen derlei Plädoyers für rücksichtslose Unvernunft doch einen gewissen Nerv, sonst würde man ihnen nicht so häufig begegnen. Und das wiederum stimmt ärgerlich. Kann es sein, dass nicht unterschieden wird zwischen Aufrufen zu einem notwendigen Ungehorsam, zum Beispiel gegen menschenrechtsgefährdende Gesetze oder Rechtspraktiken, und dem Propagieren uneinsichtigen Justament-Verhaltens? Die Wetterer gegen unsere angebliche Verbotskultur machen sich das Wohlwollen zunutze, das wir reflexhaft dem Begriff des zivilen Ungehorsams entgegenbringen, aber tatsächlich ist das, was sie ausrufen, das Gegenteil davon. Ziviler Ungehorsam stellt den Einsatz für Menschenrechte gegebenenfalls über das persönliche Wohlbefinden, die Verbotsgegner stellen persönliche Bedürfnisse über alles andere.

Es gibt jedoch kein Menschenrecht auf Discosound bis zum Morgengrauen, darauf, andere vollzuqualmen, darauf, sturzbesoffen zu randalieren, darauf, das Leben anderer Verkehrsteilnehmer aufs Spiel zu setzen.

Zudem müsste doch gesehen werden, dass die Zwangsjacke, die uns angeblich alle einschnürt, im Großen und Ganzen ziemlich kommod ist. Niemand muss sich gesund ernähren. Niemand muss vernünftig leben. Wer will, kann saufen, pofeln, sich fett fressen, blöd bleiben, ungeschützten Sex mit unbekannten PartnerInnen haben. Dass selbstschädigendes Verhalten nicht gerade in der Verfassung verankert ist, müsste doch zu verschmerzen sein. Und dass die Freiheit des oder der Einzelnen dort endet, wo die der anderen beginnt, ist ein Grundsatz, der den meisten von uns nicht schadet, sondern nützt. Regellosigkeit bedeutet Faustrecht. Alle, die es ausrufen, sollten nachdenken, wie sie sich schlagen würden, wenn es in Kraft träte. Aber der Sicherheitsgurt! Gefährdet es mich, wenn sich mein Beifahrer nicht anschnallt? Ja, mich und ihn, weil es mich verdammt noch einmal ablenkt, wenn ich ihn ungesichert neben mir weiß.

Küchenhilfe gesucht

April
28
2014

Warum arbeitet eine nicht in der Gastronomie, wenn sie *eh nur ein* unbetreutes Kind zu Hause hat?

Also: Ein Wirt in Oberösterreich sucht eine Küchenhilfe. Er wendet sich an das AMS, dieses sucht 26 arbeitslos gemeldete Frauen aus, die sich bei ihm vorstellen sollen. Ja, nur Frauen, Männer kommen für niedrige (und niedrig entlohnte) Küchendienste offenbar nicht in Frage. Allerdings hat keine der angeschriebenen Frauen Interesse an der angebotenen Stelle. Der Wirt wendet sich daraufhin an die Wirtschaftskammer und bittet, dieses Rätsel zu untersuchen.

Die Wirtschaftskammer untersucht und findet folgendes heraus: Elf Kandidatinnen haben ihren Angaben zufolge keine Betreuungsmöglichkeit für ihre Kinder. Fünf davon sind freilich, wie ausdrücklich angemerkt wird, Mutter von nur einem Kind. Neun Frauen sind zwar als arbeitslos registriert, beziehen aber weder Arbeitslosengeld noch Notstandshilfe, weshalb es ganz allein ihre Sache ist, ob sie einen Job annehmen. Drei sind Köchinnen und daher von Gesetzes wegen nicht verpflichtet, eine Stelle anzutreten, die ihrer Qualifikation nicht entspricht. Sechs Kandidatinnen argumentieren damit, dass der Arbeitsplatz nicht gut erreichbar sei, obwohl er, so die Wirtschaftskammer, nur 20 Kilometer von Linz entfernt liegt und mit Bahn und Bus angefahren werden könne. Und einige der Frauen führen gesundheitliche Gründe ins Treffen. Nicht alle davon überzeugen, weshalb Gesundheitsprüfungen anstünden.

Was denken wir uns dazu? Ich denke mir zunächst, ja, Kinder sind ein Grund, nicht in einem Wirtshaus arbeiten zu können. Denn selbst wenn es im Wohnort einen Kindergarten oder Hort gibt, werden seine Öffnungszeiten bestimmt nicht kompatibel sein mit den Öffnungszeiten eines Gastronomiebetriebes. Und dabei ist es, denke ich mir, wurscht, ob mehrere Kinder oder nur ein einziges unbetreut zu Hause herumkugeln, während die Mama in der Wirtshauskuchl Erdäpfel schält.

Weiters denke ich mir: Wenn ich Köchin wäre, dann würde ich auch lieber warten wollen, bis ich wieder einen Posten als Köchin bekäme. Erstens, weil ich nicht Köchin gelernt hätte, um hinterher bloß Herdplatten zu putzen und Zwiebeln zu hacken. Zweitens, weil ich als Köchin besser verdienen würde. Drittens, weil der Hungerlohn, der mir als Küchenhilfe winkt, möglicherweise niedriger ist als das Arbeitslosengeld, mit dem ich jetzt schon – samt meiner betreuungsbedürftigen Brut – nur knapp über die Runden komme. Und viertens, weil ich, wenn ich als Küchenhilfe erneut arbeitslos werden sollte (was passieren kann, auch wenn ich fleißig bin), noch weniger Arbeitslosenunterstützung bekommen würde als bisher. Was die Erreichbarkeit des Arbeitsplatzes anlangt, so denke ich mir: Erreichbar wird er schon sein. Irgendwie. Aber wie umständlich? Mit welchem Zeitaufwand? Was, wenn nach Arbeitsschluss zwei Stunden auf den nächsten Bus gewartet werden muss? Und vielleicht sind die Fahrtkosten ja auch enorm geschmalzen, gemessen am erwartbaren Lohn?

All das fällt mir zu der rätselhaften Tatsache ein, dass 26 arbeitsuchende Frauen nicht unbedingt Arbeit als Küchenhilfe (in einem Landgasthaus) finden wollen. Ich halte es für möglich, dass einige von ihnen nicht gerade in die Kategorie *arbeitseifrig* fallen. Aber den Schluss, dass hier mehrheitlich Arbeitsunwillige mit faulen Ausreden operieren, den würde ich nicht ziehen.

Der oberösterreichische Wirtschaftskammerpräsident Rudolf Trauner hingegen findet (in einem Kommentar auf der Homepage der WKOÖ), dass die Frauen „ein Vorstellungsgespräch aus zum überwiegenden Teil nicht nachvollziehbaren Gründen abgelehnt" hätten. „Wir müssen", schreibt er, „die Zumutbarkeitsregeln an die Praxis anpassen, etwa, was die Wegzeit oder verwandte Beschäftigungen betrifft." Und: „Wo es nachweislich Arbeitsverweigerung gibt, muss konsequent sanktioniert werden." (Heißt im Klartext: Streichung des Arbeitslosengeldes.)

Na sicher, Arbeitsverweigerung geht nicht. Aber was fällt alles darunter? Und wieso ist es nicht nachvollziehbar, wenn Frauen mit Kindern sagen, dass sie ihre Kinder nicht allein lassen können? Ist es Arbeitsverweigerung, wenn sie verabsäumt haben, eine im Bedarfsfall verfügbare Oma bei sich einzuquartieren? Oder sollen sie die Kinder mitbringen in die Gasthausküche? Und ab wann dürfen die Wegzeiten eine Rolle spielen – erst dann, wenn sie die mögliche Schlafdauer auf drei Stunden verkürzen? Welcher Praxis sollen denn die Zumutbarkeitsregeln angepasst werden? Schon jetzt sind die Arbeitsbedingungen in der Gastronomie oft eine rechte Zumutung, wie man weiß.

Auch die Frage, was verwandte Beschäftigungen seien, lässt viele Antworten zu. Spanisch haben S' studiert? Na, da passen S' doch bestens als Serviererin in die Bodega Hasta la Vista nach Bad Kleefeld am Anger!

Nein, im Ernst, natürlich ist der Arbeitsmarkt nicht verpflichtet, für jede Art von Qualifikation die passende Beschäftigung zur Verfügung zu stellen. Aber Köchin beispielsweise ist doch nicht wirklich etwas Ausgefallenes. Und wenn wir schon bei Unterstellungen sind: Natürlich wäre es billiger für Wirte, Köchinnen offiziell bloß als Küchenhilfen einzustellen. Aber soll man ihnen dazu die gesetzliche Handhabe liefern?

Europa, gefühlt

Mai
26
2014

Kein griechischer Wein in meiner Jugend.
Dafür Unbehagen vor Grenzbalken.

Kein griechischer Wein in meiner Jugend. „Ihr seid nicht nach Griechenland gefahren damals?", fragt die 17-Jährige. „Warum?" Weil das eine Militärdiktatur war. Bis 1974.

Übrigens auch kein spanischer Wein zu der Zeit. „Warum?" War auch eine Diktatur. Bis 1975. Und keine Urlaube in Portugal. Bis 1976, als es demokratisch wurde.

„Wohin seid ihr denn gefahren im Sommer?"

Italien. Südfrankreich, aber die Côte d'Azur war uns zu teuer. England, aber da war's kühl. Jugoslawien. Na ja, manche von uns. War aber auch eine Einparteiendiktatur.

Jugoslawien. Für die 17-Jährige nur noch Geschichte. „War ein Staat in Südosteuropa", steht in Wikipedia. War einmal. Zerfiel in schrecklichen Kriegen. In Länder, von denen einige heute zu uns gehören. Zu uns, zur Europäischen Union.

In meiner Jugend gab es Europa nicht. Wir stießen überall an Landesgrenzen, schon gar als BewohnerInnen des kleinen Österreich. Wir reisten auch, keine Frage, aber von Grenzbalken zu Grenzbalken. Abgeschottete Territorien, bewacht von Uniformierten. Passkontrolle. Zollkontrolle. Strenge Gesichter. Irgendwie hatte man immer ein schlechtes Gewissen.

Meiner Generation saß bei Ausweiskontrollen auch noch die Furcht der Nachkriegszeit im Genick. Ich war ein kleines Kind, da fuhren wir häufig mit der Bahn von Wien in die Oststeiermark. In der Station Mönichkirchen wurden die Identitätsausweise kontrolliert. Man verließ russisches Besatzungsterritorium und reiste ins englische ein. Die Russen galten als unerbittlich und unberechenbar. Wer keine I-Karte bei sich hatte, musste damit rechnen, nach Sibirien verschleppt zu werden. Jedenfalls behaupteten das die Mitreisenden, während einer im Abteil – immer war einer darunter, der seinen Ausweis nicht gleich fand – verzweifelt seine Taschen und sein Gepäck durchwühlte und der Zug schon in den Bahnhof einfuhr.

Später haben wir, meine Generation, uns empört über das, was der Besatzung vorausging, aber das kleine Kind erlebte nur die Bedrohung, die sich mit dem Wechsel von einer militärisch abgesicherten Zone zur anderen verband.

Wenn ich heute durch ein grenzenloses Europa fahre, dann fühle ich mich nicht als Europäerin auf dieselbe Art, in der sich US-Amerikaner als US-Amerikaner fühlen, aber ich freue mich über eine Bewegungsfreiheit, der durchaus das Empfinden einer Zusammengehörigkeit zugrunde liegt. Ich erinnere mich noch gut, wie es war, vor dem Eisernen Vorhang zu stehen, so nah, das Drüben – und doch so schwer erreichbar. Und an mein ungläubiges Staunen, wenn mir Ältere erzählten, wie sie selber als Kinder mit den Eltern in der Straßenbahn von Wien nach Pressburg gefahren seien, zum Schuhekaufen, einfach so. Heute fahren wir aus Wien für einen Opernabend nach Bratislava, einfach so.

Das Europa, in dem ich heute zu Hause bin, umfasst 28 Staaten, die sich verpflichtet haben, die Menschenwürde und die Menschenrechte zu achten und deren Grundwerte (festgelegt in den Kopenhagener Kriterien) Freiheit, Demokratie, Gleichheit, Rechtsstaatlichkeit, Nichtdiskriminierung, Toleranz, Gerechtigkeit, Solidarität und die Gleichheit von Frauen und Männern heißen.

Klappt nicht immer so ganz mit der Umsetzung, ist aber doch was entschieden anderes als der Flickenteppich aus ein paar Demokratien zwischen definitiv undemokratischen rechten und linken Diktaturen, der Europa vor 40 Jahren war.

Ich bin nicht blauäugig (nur manchmal ein bisschen romantisch). Als ich 1994 über Österreichs EU-Beitritt abstimmen sollte, hatte ich meine Zweifel. War es mir ein Anliegen, zu einem immer größeren europäischen Binnenmarkt zu gehören? Wessen Interessen würden dabei auf der Strecke bleiben? Musste man um soziale Standards bangen? Würden die Mitsprachemöglichkeiten ausreichen? War es dumm, aufs Mitreden gänzlich zu verzichten? Zu meinem Beitritts-Ja trug schließlich nicht unwesentlich die Vorstellung bei, andernfalls mit Jörg Haider in einer Alpenfestung festzusitzen.

Seither haben wir uns alle, selbstverständlich und nebenbei, europäisiert. Unsere Kinder und Enkel – 22.000 pro Jahr – studieren semesterweise, dank Erasmus, in anderen europäischen Ländern. Die Fremde ist nicht mehr so fremd wie einst. Eine neue Aufgeschlossenheit hat sich breitgemacht, doch, ja, wirklich. Das zeigt sich nicht zuletzt auf der sprachlichen Ebene. Denglish, BSE (Bad Simple English) und ein stark übertriebener Anglizismenverschleiß mögen einem ja manchmal auf die Nerven gehen, trotzdem zeugen sie von Verständigungsbereitschaft, anders als früher, da man in den meisten Staaten ohne die Landessprache nicht weiterkam und von den stolzen Franzosen wie Abfall behandelt wurde, wenn man Französisch allenfalls fehlerhaft sprach.

Nein, es ist keineswegs alles paletti in der EU. Vieles muss noch gestaltet, verändert, auch verhindert werden. Die Sorge, dass beim gewinnorientierten Umgang mit dem Humankapital das Humane auf der Strecke und der Gewinn nur an wenigen hängen bleibt, ist nach wie vor berechtigt. Und der Vormarsch nationalistischer Rechtspopulisten kratzt durchaus an meiner Zuversicht. Trotzdem: Europa zu vertrauen, fühlt sich besser an, als misstrauisch aus einem Vaterlandsbunker zu spähen.

Hilferufe

September
1
2014

Jemand hat mir sein Schicksal geschickt. Es ist schon durch viele Hände gegangen.

Jemand hat mir sein Schicksal geschickt. Das Schicksal ist 35.000 Zeichen lang, ausgedruckt wären das sieben Seiten Text. Der oder die Absenderin hat sein oder ihr Schicksal extra für mich komprimiert, damit ich es schaffe, es zu lesen. Ich schaffe es nur, weil ich um halb zwei Uhr früh noch vor meinem Computer sitze, statt endlich zu schlafen, aber mein wirkliches Problem ist, dass ich nicht weiß, wie ich diesem Schicksal eine Wende zum Besseren geben soll. Ich soll es ja nicht nur lesen, es wurde mir geschickt, damit ich es in die Hand nehme und korrigiere, was es beklagenswert macht, Behördenwillkür etwa, Mitmenschenwillkür, kein Geld, Krankheit und obendrein kein Geld, sowas in der Art.

Der oder die AbsenderIn stellt sich vor, wenn ich nur über sein beziehungsweise ihr Schicksal schreibe, dann werden sich die Behörden und/oder die Mitmenschen am Riemen reißen, es wird endlich Gerechtigkeit einkehren in ihr oder sein Leben, er oder sie wird rehabilitiert oder wenigstens künftig besser behandelt vor Gericht, im Spital, beim Arbeitsuchen. So einfach ist es aber nicht. Ich bin kein Sprachrohr, keine Ombudsfrau, kein übergeordnetes Gericht, nicht einmal eine Beratungsstelle. Dieses Schicksal müsste sachkundig dekomprimiert werden, jemand müsste sich ausführlich damit beschäftigen, den Absender oder die Absenderin an die Hand nehmen, zuhören, trösten, mit seinen oder ihren Mitmenschen verhandeln.

Dafür gibt es Einrichtungen. Oder?

Haben Sie sich schon einmal an die Volksanwaltschaft gewandt?, schreibe ich zurück. Erlauben Sie, dass ich Ihr Schreiben ans zuständige Ministerium weiterleite? Ich schicke Ihnen die Adressen folgender Beratungsstellen, schreibe ich. (Aber eigentlich will ich keine passenden Beratungsstellen heraussuchen, ich will endlich einmal schlafen gehen, ich bin übermüdet, überfordert, grantig. Ich hab schließlich genug zu tun in meinem tatsächlichen Beruf.)

Jemand hat mir sein Schicksal geschickt, wieder einmal, und ich weiß bereits, wie es weitergehen wird. Der oder die Absenderin hat schon alles probiert. Nicht nur ich kann sein/ihr Schicksal nicht in die Hand nehmen und umformen, es ist auch schon durch andere Hände gegangen, die es weitergereicht haben – ohne Erfolg. Da hab ich doch längst hingeschrieben, schreibt mir die ratsuchende Person, da war ich doch schon, aber. Aber die haben mir nur einen Schimmelbrief zurückgeschrieben. Die haben mir nicht zugehört. Die haben mir zugehört, aber nichts für mich tun können. Ich weiß nicht mehr weiter. Ich hab Ihnen schon einmal geschrieben, schreibt die ratsuchende Person, Sie haben damals geantwortet, ich soll, und das hab ich versucht, aber jetzt ist Folgendes passiert, nachdem ich ja, wie Sie aus meinem ersten Mail wissen …

Die ratsuchende Person erwartet, dass ich mich erinnere, womöglich im Detail. Tu ich aber nicht. Hab zu viel um die Ohren, das ich mir merken soll. So wird es den Leuten in den Beratungseinrichtungen auch gehen, denke ich mir. Keine Zeit, zu viel Arbeit, keine Ressourcen, Überforderung, Überlastung, und das alles für wenig Geld.

Was folgt daraus? Offensichtlich gibt es einen großen Bedarf an Hilfe und Unterstützung, offensichtlich geraten viele Menschen in Lebenssituationen, mit denen sie allein kaum oder gar nicht fertig werden, und offensichtlich reicht das

Angebot an entsprechenden Einrichtungen entweder nicht aus, oder es reicht die Hilfe, die dort gegeben wird, nicht aus.

Ich glaube nicht, dass die Zahl der Menschen, die in Krisen geraten, immer größer wird, im Gegenteil. Niemand wird ernsthaft frühere Generationen – kriegsgeschädigt, hungergeplagt, womöglich politisch verfolgt und gesundheitlich unzureichend versorgt – um ihr Leben beneiden. In der Vergangenheit war der soziale Zusammenhalt auch nicht besser, der familiäre bestand oft genug aus purer Repression, und viele Menschen sind in ihrem Unglück hilflos untergegangen. Der Unterschied liegt darin, dass sie heute den Anspruch erheben, nicht untergehen zu müssen. Das ist prinzipiell ein Fortschritt und hat nichts mit gestiegener Zimperlichkeit zu tun.

Natürlich braucht es auch Eigenverantwortung. Aber die, die mir schreiben, machen nicht den Eindruck wehleidiger Jammerer auf der Suche nach einem Packesel, der ihnen die Mühen des Alltags abnimmt (die gibt's auch), sondern das sind Leute, die offenbar trotz Eigeninitiative nicht mehr weiterkommen.

Die explosionsartige Vermehrung von freiberuflichen Coaches, BeraterInnen und TherapeutInnen löst das Problem ganz offensichtlich nicht, und das ist auch leicht erklärbar. Die einen wollen und müssen Geld verdienen, die anderen haben keins oder nicht genug, um den Aufwand, den ihre Betreuung erforderte, abzugelten. Abgesehen davon scheint mir ein gewisses Ungleichgewicht zu herrschen zwischen dem, was die vielen Coaches anbieten, und dem, was viele Ratsuchende wirklich brauchen würden. Zum Beispiel fachkundige Unterstützung beim Umgang mit Behörden statt Hilfe auf der Suche nach dem wahren Selbst oder so. Fortsetzung folgt.

Hilferufe II

September
15
2014

Leiden Sie unter einem Gefühl der Überlastung?
Oder *sind* Sie überlastet?

Menschen brauchen Hilfe. Kriegen sie doch! Kriegen sie? Das Beratungsangebot heutzutage ist auf den ersten Blick beeindruckend. PsychotherapeutInnen scheinen sich geradezu exponentiell zu vermehren, daneben gibt es Lebensberatung unterschiedlicher Art, Coachings, Selbsterfahrungsgruppen. Selbst wenn wir eventuell halbseidene Veranstaltungen wie Lehrgänge in tantrischer Wiedergeburt u. ä. ausklammern, bleibt noch viel an seriösen Hilfsangeboten übrig. Mit zwei Schönheitsfehlern. Erstens: Die Inanspruchnahme muss man sich leisten können. Psychotherapie auf Krankenschein gibt es nur für wenige Auserwählte, was einerseits daran liegt, dass die Kassen die TherapeutInnen schlecht zahlen, und andererseits an den hohen Zugangsbarrieren der Kassen für potenzielle PatientInnen. Zuletzt gab es heftige Empörung, weil von den TherapeutInnen verlangt wurde, dass sie die Therapienotwendigkeit detailliert begründen sollten, was beispielsweise bedeutet hätte, Missbrauchsopfer als solche aktenkundig zu machen, also zu stigmatisieren.

Zweitens: Viele Beratungsangebote gehen davon aus, dass persönliche Probleme hauptsächlich aus persönlichem Unvermögen resultieren. Erforschung des eigenen Ich. Seine Schwächen überwinden. Seine Stärken entdecken. Sich besser verkaufen. Lebensmut finden. Dynamischer werden. Sowas bieten sie an, dafür sind sie da.

Aber was ist mit den Rahmenbedingungen, dem sozialen Umfeld, den Behörden, den gesetzlichen Vorgaben? Haben die keine Wirkung auf das Individuum, keine Mitverantwortung dafür, wie es den Einzelnen geht?

Auf einer Tagung: MedizinerInnen und Psychosachverständige referieren über Stressbewältigung und Stressabbau. Aus dem Publikum meldet sich eine junge Frau und fragt die versammelten Kapazunder, wie sie mit ihrem Gefühl der Überlastung und Überforderung fertigwerden könne. Dann schildert sie ihre Situation, und es wird klar: Sie leidet nicht unter einem Gefühl der Überlastung, sie leidet unter Überlastung. Sie ist überfordert, und alle anderen in ihrer Lage wären das auch. Aber sie ist darauf konditioniert, die Verantwortung dafür nur bei sich zu suchen, deshalb glaubt sie, die Lösung ihrer Probleme liege nicht in geänderten Rahmenbedingungen, sondern in einer Modifikation ihrer Psyche, damit sie schlechte Rahmenbedingungen besser erträgt. Nun hilft mentale Stärke zwar durchaus beim Navigieren durch lausige Lebensphasen, aber manchmal reicht sie zur Bewältigung von Schwierigkeiten einfach nicht aus.

Ich bekomme viel Post. Menschen breiten ihre Probleme vor mir aus. Und ich gewinne zunehmend den Eindruck: Viele fühlen sich nicht nur im Stich gelassen, sie sind es auch. Es fehlt an der richtigen Beratung und sehr oft an praktischer Unterstützung.

Ermutigungsseminare helfen nicht wirklich oder nicht in erster Linie beim Rechtsstreit um die Kinder, das Erbe, die Unterhaltszahlungen. Erschöpfte und Überforderte würden Entlastung im Alltag brauchen – Hilfe im Haushalt, Unterstützung bei der Kinderbetreuung, einen besser bezahlten Job, andere Arbeitsbedingungen. Mit dem Freilegen verschütteter spiritueller Energien ist es da nicht getan.

Kranke irren durchs Gesundheitssystem auf der Suche nach den richtigen Therapien, stranden auf Wartelisten, scheitern an bürokratischer Willkür, die ausgerechnet ihnen eine bestimmte Untersuchung, ein bestimmtes Medikament, eine aufwendigere Behandlung verweigert.

Manche haben, scheint's, fragwürdige Helfer erwischt, sie sehen sich von ihrem Anwalt, ihrer Sachwalterin übervorteilt, und es spricht einiges dafür, dass ihr Verdacht stimmt. Was tun? Man hat sich an Gescheitere und Fachkundige gewandt, die ihren Wissensvorsprung gegen einen verwendet haben – wo soll man jetzt noch Gescheitere hernehmen, die den falschen HelferInnen auf die Finger klopfen?

Ich telefoniere mit Behörden wegen einer Mutter in Not, die mit unterschiedlichen Rechtsauskünften von den Ämtern im Kreis herumgeschickt wurde. Ich – Achtung, Presse! – dringe immerhin an die Spitze der Auskunftshierarchie vor und bekomme folgenden Rat: Die Mutter in Not solle sich an eine bestimmte Institution wenden, die habe ein gutes Online-Portal, da könne sie ihr Problem deponieren. Ach. Aber vielleicht hat die Betroffene nicht so viel Übung im Umgang mit Online-Portalen? Und wollte ich meine Sorgen einem Online-Portal anvertrauen, wenn ich in Not wäre?

Menschen brauchen Hilfe, immer wieder, und ich weiß keine Patentlösung, wie sie sie wirklich bekommen können. Aber mit Online-Ratgebern und der Auslagerung in private Geschäftszweige wird es jedenfalls nicht getan sein, sofern wir uns nicht auf den Standpunkt stellen, dass jeder und jede nur für sich selbst verantwortlich und unsere Gesellschaft eine zufällige Ansammlung beinhart konkurrierender Ich-AGs ist. Gefragt wäre Sozialarbeit im weitesten Sinn, mit ausreichend Personal, einigermaßen anständig finanziert aus öffentlichen Geldern. Die sind knapp, richtig, aber trotzdem haben wir sie schon in schlechtere Projekte investiert.

Verletzte Gefühle

Februar
2
2015

Muss ich Verständnis für das Abschneiden meiner Nase aufbringen, wenn ihr Anblick das Spaghettimonster beleidigt?

Warum nimmt eigentlich niemand auf meine Gefühle und ihre Verletzlichkeit Rücksicht? Es verletzt mich, wenn in Pakistan Mädchen nicht in die Schule gehen dürfen. Es verletzt mich, wenn sie in den Kopf geschossen werden, falls sie öffentlich dagegen Stellung nehmen. Es verletzt mich, wenn in Indien junge Frauen überfallen und zu Tode vergewaltigt werden. Es verletzt mich, wenn im Sudan weiblichen Kindern die Genitalien verstümmelt werden. Es verletzt mich, dass in weiten Teilen der Welt Frauen rechtlos sind. Es verletzt mich, wenn sie eingesperrt werden wie Vieh (gegen dessen Eingesperrtsein wir zu Recht protestieren). Es verletzt mich, wenn ich sehe, wie Frauen verhüllt hinter ihren Gebietern gehen. Es verletzt mich, wenn religiöse AktivistInnen mir erklären, unbedeckte Frauenhaare würden gegen die guten Sitten verstoßen. Es verletzt mich, wenn der Papst zwar vernünftigerweise meint, gute KatholikInnen müssten sich nicht vermehren wie die Karnickel, aber im selben Atemzug Pille und Kondom verbietet.

Meine Gefühle werden oft verletzt. Ich habe allerdings lernen müssen, dass andere Menschen andere Empfindlichkeiten haben als ich, und ich akzeptiere, dass ich nicht ermächtigt bin, meine Auffassung vom Vorrang bestimmter Rechte mit der Kalaschnikow durchzusetzen. Ich lebe schweren Herzens damit, dass gesellschaftliche Werte, die ich für unverzichtbar halte, anderswo nicht anerkannt, ja, mit Füßen getreten werden. Ich nehme jedoch zur Kenntnis, dass ich dagegen zwar protestieren, aber nicht gewaltsam eingreifen darf, wenn meine Proteste missachtet werden.

Im Gegengeschäft erlaube ich mir, kein Verständnis aufzubringen, wenn andere ihre verletzten Gefühle zum Anlass für Gewalt und Terror nehmen: Ja, gewaltige Kränkung, in euren Augen, aber nicht in meinen. Haltet euch zurück. Verhaltet euch zivilisiert. Und rechnet nicht mit meiner Empathie, falls ihr euch unzivilisiert verhaltet.

Das sollte einsehbar sein. Aber leider stelle ich fest, dass mir dieser Deal immer wieder verwehrt wird. Ich müsse, heißt es dann, gefälligst verstehen, dass (m)ein Nichteinhalten religiöser Verbote die Gläubigen auch dann provoziert, wenn ich ihren Glauben nicht teile.

Anders gesagt: Falls den Gott des Glaubens an das fliegende Spaghettimonster die Zurschaustellung meiner Nase oder aber eine Spaghettimonsterzeichnung von mir angeblich beleidigt, habe ich nicht meinerseits beleidigt zu sein, sondern es einzusehen, wenn mir seine Anhänger die Nase abschneiden wollen. Zwar wird mir zugestanden, dass das Abschneiden meiner Nase an und für sich nicht in den Glaubensgrundsätzen der Spaghettimonsterianer verankert ist, aber würde sie mir abgeschnitten, dann wäre ich zumindest mitschuldig, weil ich die Gläubigen durch mein herausforderndes Verhalten zu dieser Verzweiflungstat getrieben hätte.

Meine Gefühle sind zum Verletzen freigegeben, weil sie bloß Menschen gelten. Das gilt nicht. Erst, wenn sie einem Gott gelten, sind sie heilig und dürfen den Anspruch erheben, dass ihre Kränkung einem Verbrechen gleichkommt.

Das verstehe ich allerdings schon wieder nicht. Ein allmächtiger Gott wird doch wohl weniger Schutz brauchen als armselige Menschen, und auch seine toten Propheten sind längst in einer Art Leo, sollte man meinen, beim Allmächtigen und von ihm behütet.

Ich respektiere Religionen und ihre Gläubigen. Ich verstehe das Bedürfnis, dem Erdendasein einen tieferen Sinn abgewinnen zu wollen, und auch mich tröstet die Hoffnung, dass dahinter eine höhere Intelligenz wirksam ist, die sich uns vielleicht jenseitig erschließt. Manche brauchen die Vorstellung, dass das Leben mit dem Tod nicht zu Ende ist, andere beruhigt der Gedanke an die Zufälligkeit der menschlichen Existenz und an ihr unwiderrufliches Aus. Passt. Jede und jeder nach ihren oder seinen Bedürfnissen. Wer strenger Regeln und Rituale bedarf, soll sie einhalten können. Wer nach dem Mondkalender leben will, soll sich halt nach Blatt-, Wurzel- oder Blütentagen richten. Kein Problem. Aber nur, solange niemand Schwierigkeiten kriegt, weil er es gewagt hat, seine Haare bei abnehmendem (!) Mond (!) schneiden zu lassen. Eh klar? Hoffentlich. Und hoffentlich auch dann, wenn es nicht ums Haareschneiden geht, sondern um, sagen wir einmal: Weinflaschen im Regal eines Supermarkts, in dem AnhängerInnen des alkoholfeindlichen Falafelmonsters einkaufen.

Toleranz ist keine Einbahnstraße. Wer Rücksicht auf seine Gefühle für einen wie immer gearteten Gott einfordert, muss auch Rücksicht auf die Gefühle der anderen nehmen, sogar, wenn sie ein Gefühl der Gleichgültigkeit gegenüber Göttern hegen, mag diese Gleichgültigkeit noch so schwer nachvollziehbar sein.

Ich bin gegen Gewalt. Aber wenn ich Verständnis aufbringen soll für gewaltsame Proteste, dann für den Zorn von Unterdrückten, die um ihre Menschenrechte kämpfen. Stattdessen töten Menschen einander zur höheren Verehrung eines Gottes und seines Verkünders. Was für eine Verschwendung. Warum gehen sie nicht lieber auf Barrikaden, damit ihre Töchter angstfrei leben und lernen können?

Frau Ergün bringt sich nicht ein

Februar
16
2015

Warum war sie nicht beim Elternabend? Wir hätten ihr eine Geldbuße androhen sollen.

Wieso bringen sich Herr und Frau Ergün so wenig in unsere Schulgemeinschaft ein? Das fragen wir uns, und wir fragen es uns mit zunehmendem Ärger. Die Ergüns schwänzen den Elternabend. Sie kommen nicht zu den Klassenaufführungen. Wenn unsere Kinder eislaufen gehen und es werden Mütter als zusätzliche Begleitpersonen gesucht, kann man mit Sicherheit voraussagen, dass Frau Ergün sich nicht dafür meldet. Sogar der eine oder andere Vater war schon mal mit, aber von den Ergüns keine Spur. Vor Weihnachten hat unsere Klassenlehrerin eine Adventjause für Eltern und Kinder organisiert. Eine super Idee, die begeistert aufgenommen wurde. Es kamen zwar nur Mütter, aber der Nachmittag war ein voller Erfolg. Es wurden Adventkränze gebastelt, Lieder gesungen und mitgebrachte Kekse verzehrt. Alle haben es sehr genossen. Hätte Frau Ergün sich da nicht integrieren können? Wir hätten Selbstgebackenes aus ihrer Heimat sehr zu schätzen gewusst, doch sie hat es nicht der Mühe wert gefunden, zu erscheinen. Neulich wurde sie von der Klassenlehrerin vorgeladen, und nicht einmal da ist sie aufgekreuzt.

Angeblich war sie in der Arbeit, und angeblich bekommt sie nicht so einfach frei. Das ist jedenfalls die ständige Ausrede ihres Sohnes: Mama muss arbeiten. Will uns die Frau einreden, sie arbeitet rund um die Uhr? Unsere Elternabende beginnen um sieben am Abend, da wird sie doch wohl nicht mehr in der Arbeit sein. Was macht sie eigentlich?

Putzt Büros? Logischerweise nach Büroschluss, also sehr wohl um sieben am Abend?

Ich bitte Sie, so ein Büro kann doch wohl auch ein Mal ungeputzt bleiben, wenn es um Wichtigeres geht. Man muss sich eben entscheiden, wenn man Kinder hat, ob die Kinder vorgehen oder das Geld. Ich für meine Person verzichte lieber auf teure Klamotten und bin stattdessen für meine Kinder da. Wissen Sie, wenn Frau Ergün Gehirnchirurgin wäre, würde ich ja gerade noch einsehen, dass sie ihre überragenden Fähigkeiten der Menschheit unbedingt zur Verfügung stellen möchte, aber wer will denn unbedingt Büros putzen? Ich meine, ist so ein Job es wert, dass man dafür seine Kinder vernachlässigt?

Die Hefte vom kleinen Ergün sind eine Katastrophe, sagt die Klassenlehrerin. Als würde er seine Aufgaben – wenn er überhaupt welche macht – zwischen Tür und Angel oder auf dem Küchentisch reinfetzen. Kümmert sich denn niemand darum, dass er einen ordentlichen Arbeitsplatz hat? Das weiß man doch, dass Kinder sowas brauchen.

Ich, wenn ich was zu sagen hätte, würde Leute wie die Ergüns nicht länger mit Samthandschuhen anfassen. Sie müssen einfach begreifen, was angebracht ist und was nicht. Den Elternabend schwänzen: 500 Euro Geldbuße. Nicht in die Sprechstunde kommen: 1000 Euro. Anhaltende Widersetzlichkeit: Entzug der Kinderbeihilfe. Da würde Frau Ergün aber schnell spuren und mit ihrem Sohn Rechtschreiben üben statt ihn vor der Glotze oder auf der Straße abhängen zu lassen!

Nein, würde sie nicht? Warum nicht? Hat kein Geld für Geldbußen? Kann selber keine deutsche Rechtschreibung? Hat nicht gelernt, wie man Kinder schulisch fördert? Muss putzen und drei weitere Kinder versorgen?

Also, das kann ich mir so nicht vorstellen! Denn wenn

ich mir das so vorstelle, muss ich zu dem Schluss kommen, dass Strafen statt Helfen das falsche Rezept ist. Helfen würde bedeuten, dass öffentliche Einrichtungen kompensieren, was Eltern aus verschiedenen Gründen nicht leisten können. Und dass öffentliche Einrichtungen Eltern aufzuklären versuchen und ihnen unter die Arme greifen.

Klingt verdammt mühsam. Und teuer. Da gehe ich doch lieber davon aus, dass ein Entzug der Familienbeihilfe die Ergüns schlagartig in einen gepflegten Mittelschichthaushalt verwandelt, der weiß, was es mit dem Erreichen von Bildungszielen auf sich hat.

Also gut, jetzt im Ernst: Ja, es gibt in unserem Land Kinder und Jugendliche – mit, aber auch ohne migrantischen Hintergrund –, deren Familien in Sachen Erziehung mehr oder weniger versagen. Das ist bedauerlich und sollte nicht einfach hingenommen werden. Aber was in der letzten Zeit so an Politikerideen aufgetaucht ist, um Integrationsunwilligkeit zu ahnden – von Geldbußen für Eltern über eine öffentliche Demütigung der Kinder (die, so der Außenminister, strafhalber Sozialdienste an den Schulen übernehmen sollen) bis zum Streichen der Familienbeihilfe (ein Einfall der FPÖ) –, geht an der Lebensrealität der Betroffenen vorbei und würde an deren Bewusstseinsstand genau gar nichts ändern. Strafen bis zu 1000 Euro schlug Minister Kurz für Eltern vor, die Einladungen aus der Schule nicht nachkommen. Wie schätzt er die Einkommenslage dieser Eltern wohl ein? Will er ihr Augartenservice oder ihr Tafelsilber beschlagnahmen, falls sie nicht zahlen? Und mobilisiert so eine Bestrafung ihre bisher boshaft unterdrückten pädagogischen und didaktischen Fähigkeiten? Irgendwie fragt man sich schon, wie ahnungslos Politiker den Lebensumständen großer Bevölkerungsgruppen gegenüberstehen dürfen.

Omakitsch

August
2
2015

Muss ich mich, um die öffentliche Meinung nicht zu desavouieren, zum Geisterfahren entschließen?

Kürzlich im Radio von einem neuen Lokal gehört. Es sei, wurde gesagt, bewusst in Omakitsch gehalten. *Omakitsch* gegoogelt. Ist offenbar eine gängige Vokabel und bezeichnet einen Einrichtungsstil, der durch Häkeldeckchen, Sofas im Look der vorigen Jahrhundertwende und geschmacklose Nippes charakterisiert ist.

Zeitung gelesen. Wird das Bargeld abgeschafft? Möglicherweise. In Schweden heiße es mittlerweile: Bargeld brauchen nur Omas und Bankräuber.

Im Internet ein Angebot professioneller Hilfe für die Erstellung von Websites gefunden und darin den Rat, Anliegen müssten so einfach formuliert sein, dass sogar die Oma sie verstehen könne. Ja, ja, eh bekannt: Omas haben den IQ einer Marille. *Omaleicht* hat das vor einiger Zeit in einer Werbekampagne geheißen. Omaleicht bedeutet deppensicher. Denn, so die junge Bestsellerautorin V. Kaiser in einem Interview für das Online-Portal The Gap: Bei Menschen ab 70 muss man sich halt auch fragen, wie viel sie noch von dem, was passiert, verstehen.

Hm. Also, was macht uns jetzt blöd? Über 70 zu sein oder Enkelkinder zu haben? Vermutlich das eine wie das andere, und wenn beides zusammenkommt, ist es sicher besonders schlimm.

Den gesellschaftlichen Erwartungen zu entsprechen, mit denen unsereine demnach konfrontiert ist, fällt nicht immer leicht. Ich habe eine Weile gebraucht, bis es mir gelungen ist, den Computer glaubwürdig mit der Mikrowelle zu verwechseln und total überfordert dreinzuschauen, wenn die Vokabel *Internet* fällt. Kürzlich habe ich mein Handy heimlich einem Update unterzogen, aber das würde ich nie zugeben, und wenn man mich beobachtet, halte ich es verkehrt herum ans Ohr, wie es sich für eine wie mich gehört. Ich bin grundsätzlich gutwillig und bemüht, mich ordentlich ins Sozialgefüge zu integrieren.

Aber bleibt es mir wirklich nicht erspart, mein Heim mit Häkel- und Spitzendeckchen zu verunstalten? Muss ich mich tatsächlich von den Fauteuils der klassischen Moderne ab- und Trödelsofas mit Blümchenüberzug zuwenden? Und warum darf ich nicht mit Kreditkarte zahlen? Wenigstens ab und zu? Größere Beträge? (Die coolen Typen, die zeitfresserisch sogar den Preis für eine Leberkässemmel elektronisch abbuchen lassen, während sich hinter ihnen an der Supermarktkassa eine Schlange staut, sind mir eh zuwider, da merkt man doch deutlich genug, dass ich einer überholten Generation angehöre.)

Allerdings wäre ich ganz froh, wenn für Omas und Bankräuber eine Ausnahme gemacht würde, falls das Bargeld abgeschafft wird, das würde mich vor den Negativzinsen bewahren, die dann bestimmt eingeführt und von allen Konten eingehoben werden. Die Vorstellung, einem Bankräuber fröhlich zuzuprosten, der wie ich ein paar Scheinchen unter der Matratze in Sicherheit gebracht hat, finde ich charmant.

Probleme bereitet es mir hingegen, eine tödliche Gefahr im Straßenverkehr sein zu sollen. Es wird ja immer wieder einmal debattiert, ob die älteren VerkehrsteilnehmerInnen regelmäßig auf ihre Verkehrstüchtigkeit getestet werden müssen, weil sie, gaga auf den Straßen unterwegs, angeblich ein unerhörtes Risiko darstellen. Nicht, dass ich mich überschätze, ich führe meine vergleichsweise minimale Unfallbilanz keineswegs nur auf meine souveräne Fahrweise, sondern auch auf eine Portion Glück zurück, sehe aber bei aller Bescheidenheit nicht ein, warum ich mich auf einmal zum Geisterfahren entschließen soll, nur um die öffentliche Meinung nicht zu desavouieren. Nennen Sie es Feigheit, doch davor schrecke ich einfach zurück. Allenfalls wäre ich noch bereit, hinterm Steuer Hut zu tragen und auf Landstraßen Tempo 30 zu fahren, wenn es unbedingt gewünscht wird. Ob das freilich gefährlich genug wäre, kann ich nicht beurteilen.

In Sachen Styling schwanke ich, wen ich mir zum Vorbild nehmen soll. Mrs. Doubtfire? (Sie wissen schon, Robin Williams als Kinderfrau, mit sorgfältig gewelltem Haar und in mehrere Lagen gerüschtes Tuch geschnürt.) Vivienne Westwood? Herzogin Camilla? Demnächst Madonna?

Nicht sagen, das entscheidet eh die Geldbörse. Stützstrümpfe à la Mrs. Doubtfire sind nämlich ganz schön teuer, ich glaube nicht, dass man schlechter aussteigt, wenn man sich im Baumarkt die Zutaten für Camillas Hüte besorgt. Kann aber auch sein, dass die in letzter Zeit so nachgefragten Kabelbinder einen Preisanstieg erfahren haben, womit Madonna als Role Model ausfällt.

(Apropos Kabelbinder: Google liefert zum Stichwort *alte Oma* reichlich Webadressen, die geilen Grannysex mit versauten Omas versprechen. Erschreckend. Dann doch lieber Spitzendeckchen auf der Kommode.)

Also, nochmals rekapitulieren, was in puncto Verhalten omamäßig so angesagt ist: Tauberln füttern. Fette Schoßhunde hätscheln. Hinter fremden Kindern herkeifen. Arztpraxen verstopfen. Hansi Hinterseer anbeten … Ächz.

Hätte ich sowas wie „Borgen“ eigentlich sehen dürfen? Natürlich nicht! – sagen meine gut informierten Freundinnen. Sie schauen sich ebenfalls gern unpassende Serien an, sehr oft sogar in der Originalsprache. Aber offiziell glauben sie, dass *Download* was mit Federn in der Bettwäsche zu tun hat.

Single-Vater

August
17
2015

Oder: Was hat der Feminismus aus den Frauen gemacht?

Mit Ende 50 wurde Max noch einmal Vater, aus den bekannten Gründen: Seine Zweitfrau drängte auf Familiengründung, und er hatte herausgefunden, dass das Heranwachsen seiner Erstkinder irgendwie an ihm vorbeigegangen war. Deshalb: neues Spiel, neues Glück, diesmal mit bewusster Vaterschaft. (Die ersten Kinder vernahmen es mit süßsaurer Miene, aber das ist eine andere Geschichte.) Nicht lang danach kam Max allerdings die zum Kind gehörige Mutter abhanden, die ihre verlorene Jugend nachholen wollte, wobei er störte. Jetzt hat Max einen Sohn im Volksschulalter, der ziemlich häufig bei ihm geparkt wird, was okay ist. Nicht okay findet Max jedoch den brutalen Egoismus der heutigen Frauen – und damit meint er nicht nur seine zweite Ex, sondern die Frauen insgesamt.

Zunächst, nach der Scheidung, sah er nur wenige Probleme voraus. Ihm schwebte vor, dass junge Weibspersonen darum wetteifern würden, mit ihm und seinem kleinen Sohn durch den Tiergarten zu streifen, lustige Animationsfilme anzuschauen und vor dem Schlafengehen lehrreiche Brettspiele zu spielen.

Wie sich jedoch herausstellte, waren die jungen Frauen dem Tiergarten und „Ice Age“ entwachsen. Sie wollten abends um die Häuser ziehen und reagierten total lustlos auf das Angebot, mit ihm zusammen kindgerechte Feinschmeckermenüs zu komponieren. (Dabei wäre er bereit gewesen, extra in einen Kochkurs zu gehen.)

Danach setzte Max auf nicht mehr ganz so junge Single-Mütter, die, so malte er sich aus, dankbar sein würden für ein harmonisches Familienleben. Enttäuschenderweise waren die Kinder der Single-Mütter undankbar, störrisch und nicht bereit, auf die Wünsche seines Sohnes einzugehen, und die Mütter blieben im Endeffekt lieber single, als einen größeren Haushalt zu versorgen. (Den Kochkurs hatte Max storniert, schließlich war von gestandenen Familienmanagerinnen zu erwarten gewesen, dass sie Mahlzeiten ohne seine Assistenz herstellen konnten.)

Hinterher fragte sich Max, wieso er überhaupt auf die Idee gekommen war, frustrierte Alleinerzieherinnen mit ihren anstrengenden Bälgern in Betracht zu ziehen. Weiß doch jeder, dass Frauen mit kleinen Kindern nicht gerade ein Renner sind auf dem Partnerschaftsmarkt, und das mit gutem Grund.

Max warf also ein Auge auf – na ja, nicht gerade Altersgenossinnen, aber doch deutlich reifere Semester, abgeklärte Frauen seiner Vorstellung nach, womöglich mit einer kleinen Sehnsucht im Herzen, ihre Mütterlichkeit ausleben zu dürfen. Fehlanzeige. Die reiferen Semester lebten ihre Mütterlichkeit entweder in Machtkämpfen mit pubertierenden Monstern aus eigener Produktion aus oder sie waren total unmütterlich – die einen, weil sie die Kinderaufzucht hinter sich hatten, die anderen aus Überzeugung.

Auch diese Frauen lehnten kindgerechte Unternehmungen am Wochenende ab, verweigerten den Besuch von Fast-Food-Lokalen und gaben vor, keine Ahnung zu haben, wie man Colaflecken aus weißen T-Shirts entfernt.

Stattdessen wollten sie ungestört über Politik debattieren, bergsteigen, Theaterstücke sehen, die nicht nur seinem Sohn zu wenig unterhaltsam waren, und übers Wochenende nach London jetten.

Eine potenzielle Interessentin – nach ihrem Foto in der

Internet-Partnerbörse hatte Max auf eine warmherzige, sozial verträgliche Person geschlossen – sagte ihm unverblümt: „Ich habe 20 Jahre meines Lebens damit zugebracht, mich für Musik zu interessieren, die mich nicht interessiert, und demnächst werde ich mit meinen Enkelkindern Hänschen klein singen müssen – dieses kurze Zeitfenster jetzt will ich nützen, um in Kammermusikkonzerte zu pilgern, sooft es geht!"

Das alles hat Max insgesamt doch ein wenig verstört. Er versteht einfach nicht, wie man seinen Sonntag irgendwelchen Festspielen opfern kann, für die man noch dazu quer durch Österreich fahren muss, wenn man die Chance hätte, an Spielplätzen bei nahen Ausflugsgasthöfen fröhliches Kinderlachen zu ernten.

Und er fragt sich, was in all diesen Frauen vorgeht. Wo bleibt ihr weiblicher Instinkt? Sollten sie nicht hormonell auf was anderes programmiert sein als auf das gnadenlose Verfolgen der eigenen Interessen? Wie kommt es, dass ihre weiblichen Anteile so verschüttet sind?

Diese und andere Fragen hätte Max gern bei einem Glas Wein mit seiner ersten Ex besprochen, einer lebenserfahrenen Frau, die es auch nicht ganz leicht gehabt hatte nach der Scheidung. Weit hinten in seinem Hinterkopf keimte dabei die kleine Hoffnung, dass in ihr, wenn er sein jüngstes Kind mitbrachte, beim Anblick des charmanten kleinen Kerls vielleicht sowas wie, na ja, Großmuttergefühle erwachen würden.

Schon sah er sich mit Zweitsohn und erster Ex beim Ponyreiten, da erlebte er eine böse Überraschung. Die erste Ex eröffnete ihm, dass sie mitten in Reisevorbereitungen stecke. Franz und sie wollten nach Vietnam. (Franz entpuppte sich als pensionierter Physiklehrer, den die erste Ex als ihren Freund bezeichnete.)

Jetzt schreibt Max an einem Buch. Arbeitstitel: *Was hat der Feminismus aus den Frauen gemacht?*

Keine Zeit für so Dinge

August
31
2015

Können Sie ein Gedicht auswendig?
Was wir PolitikerInnen fragen sollten.

Ursula von der Leyen, deutsche Verteidigungsministerin, promovierte Ärztin, siebenfache Mutter, tüchtig, klug, bildschön und unfassbar schlank, ritt kürzlich bei der Eröffnung der Reit-EM in Aachen mit. Wie erwartet meisterte sie auch diese Nummer bravourös – was immer Frau Dr. von der Leyen macht, sie macht es professionell. Das trägt ihr nicht nur Bewunderung ein. Zu perfekt. Zu perfektionistisch. Zu privilegiert, um ein Vorbild zu sein, sagen KritikerInnen.

Stimmt ja. Die Tochter des ehemaligen Ministerpräsidenten von Niedersachsen wuchs unter Vorzugsbedingungen auf, verfügt seit jeher über karriereförderliche Kontakte, kennt keine Geldsorgen und kann es sich leisten, Kinder und Haushalt an erstklassige Kräfte zu delegieren. Wer kann da schon mithalten?

Trotzdem habe ich sie immer bewundert. Denn was sie aus ihren Start- und Rahmenbedingungen gemacht hat, ist respektgebietend und kann nicht allein damit erklärt werden, dass ihr alles in den Schoß gefallen ist. Niemand hat für sie Medizin studiert, niemand hat für sie ihre Kinder gekriegt, sie war eine unerschrocken fortschrittliche Frauenministerin, und auch wer ihr ideologisch nicht nahesteht, muss zugeben, dass ihre politische Performance von großer Kompetenz und unermüdlichem Einsatz zeugt. Als ihr Vater demenzkrank wurde, zog sie mit ihrer Familie zu ihm und managte seine Betreuung. Dass ihr das nur mit bezahlter Hilfe möglich war, hat sie stets zugegeben.

Und was ihr Aussehen anlangt: Ja, das ist einfach toll. Sowas kann frau doch anerkennen, ohne neidisch Schlankheitswahn und Diäthorror zu beschwören!

Aber nun habe ich ein Interview mit ihr gesehen[7], das meine Bewunderung ein wenig relativiert. Denn Ursula von der Leyen erklärte darin, worauf sie verzichte, um ihr Hochleistungspensum zu schaffen: auf „so Dinge" wie Freunde („Die sehe ich nie!"), Theater oder Konzerte.

Sie sagte es unbefangen. Als wäre das der selbstverständliche Preis, den man zahlen müsse, wenn man erfolgreich unterwegs sein möchte: kein Zeitverlust durch Geselligkeit, Freunde, kulturelle Veranstaltungen. Schaut so ein perfektes Leben aus? Ich würde es nicht leben wollen.

FreundInnen, Theater, Konzerte – so Dinge!

Bestimmt ist sie mit dieser Haltung nicht allein. Bestimmt würden viele wichtige Menschen – PolitkerInnen, Wirtschaftstreibende, ManagerInnen – Ähnliches von sich geben, wenn man sie nach ihren Prioritäten fragte (auch diejenigen, die nicht durch Kinder oder kranke Angehörige beansprucht werden): Theater, Konzerte, Romane, Ausstellungen? Freunde? Für solche Kinkerlitzchen ist kein Platz in meinem Leben. Und es ist zu befürchten, dass sie es selbstzufrieden sagen würden, nicht im Bewusstsein eines Mangels, den sie erleiden, nicht in der Befürchtung, dadurch an Ansehen zu verlieren, sondern, ganz im Gegenteil, stolz darauf, keine Zeit für derartige Nebensächlichkeiten zu verschwenden.

Mag sein, dass es dabei nationale Unterschiede gibt. Als der schwedische Ministerpräsident Olof Palme 1986 nach einem Kinobesuch auf offener Straße ermordet wurde, merkte ein österreichischer Regisseur mit zynischer Erbitterung an,

---

7 In der „ZIB 2" am 12. August

hierzulande sei ein derartiges Attentat undenkbar, weil kein österreichischer Politiker jemals ins Kino gehe.

Ich will gar nicht in Abrede stellen, dass es schwer ist und immer schwerer wird, zunehmenden Leistungsdruck mit Freundschaftspflege und kulturellen Interessen zu vereinbaren. Aber wer sorgt denn dafür, dass der Leistungsdruck zunimmt, und an wem wäre es, die Vorgaben zu ändern, wenn nicht an den wichtigen Männern und Frauen in Politik und Wirtschaft?

Das ist ja so besorgniserregend: dass diese Personen ihre Gestaltungsmacht nicht für eine Gesellschaft einsetzen wollen, in der Kunst, Kultur und menschliche Bindungen einen höheren Stellenwert haben als Aktienkurse und Gewinnspannen.

Vielleicht sind das die Fragen, die wir PolitikerInnen (auch) stellen sollten: Wann haben Sie zuletzt einen Roman gelesen? Was haben Sie zuletzt im Theater, im Kino gesehen? Welche Musik hören Sie? Können Sie ein Gedicht auswendig? Haben Sie Freunde und Freundinnen? Auch solche, die Ihnen beruflich überhaupt nicht nützen können? Wie oft treffen Sie sie? Sind Sie erreichbar, wenn ein Freund oder eine Freundin Sie braucht, womöglich mitten in der Nacht?

Und vermutlich sollten wir sie an den Antworten auf solche Fragen auch – und nicht zuletzt – messen.

Die Geringschätzung von Freundschaften nimmt insbesondere Wunder angesichts der Bedeutung, die Peer Group, Clique, der Freundeskreis, für Jüngere, aber auch für Ältere, mittlerweile gewonnen haben. Längst ist die Geborgenheit in einer Gruppe von befreundeten Menschen mindestens so wichtig wie die Geborgenheit, die man sich in der Familie erhofft. Ablesbar ist das unter anderem am Erfolg von TV-Serien („Friends“, „Sex and the City“, „How I Met Your Mother“), in denen Freundschaft letztlich mehr zählt und mehr

Halt gibt als die eine oder andere Liebesbeziehung. Deshalb sind PolitikerInnen, denke ich, schlecht beraten, wenn sie deren Verzichtbarkeit propagieren.

Glück und Zufall

September
14
2015

Sein einziges Leben gut zu leben. Das ist doch ein Menschenrecht. Aber nur wir können diesen Anspruch einlösen.

Wir können nicht alle aufnehmen. Keine Wirtschaftsflüchtlinge! Die nicht. Es geht nicht anders.

Wir: ein paar Millionen, die es gut getroffen haben.

Die: viele Millionen, die es schlecht getroffen haben.

Wir haben es gut getroffen, weil wir Glück hatten. Ja, wir sind nicht faul, wir sind nicht unanständig, wir tragen was bei dazu, dass es uns geht, wie es uns geht, aber wir hatten auch Glück. Wir haben uns ein gutes Leben verdient. Haben wir? Wo steht, dass unser gutes Leben die uns zustehende Belohnung für unsere Verdienste ist?

Die haben es schlecht getroffen, weil sie Pech hatten. Falscher Geburtsort. Die arbeiten auch, die wollen auch nicht faul sein, die sind auch nicht unanständig, aber sie haben Pech. Die hätten sich auch ein gutes Leben verdient. Wo steht, dass ihr schlechtes Leben das ist, was ihnen zusteht?

Die haben die Rohstoffe, wir nützen sie. Die arbeiten billig, wir nützen es aus. Nicht wir persönlich nützen sie aus. Wir können doch nichts dafür, dass die Welt so ist, wie sie ist. Können die was dafür?

Was gibt uns die Berechtigung, hier zu sein und sie abzuwehren? Die könnten uns überrollen, wenn sie wollten. Davor fürchten wir uns. Wir fürchten uns vor ihnen, weil wir wissen, dass wir im Grunde keinen Anspruch darauf haben, nicht überrollt zu werden. Wir wissen, dass uns im Grunde nicht mehr zusteht als ihnen, schon gar nicht so viel mehr.

Trotzdem. Wir wollen ja gar nicht unbedingt viel mehr als sie. Wir wollen bloß behalten, was wir haben. Deshalb reden wir uns die Ungerechtigkeit gerecht.

Wir haben unser gutes Leben verdient, sagen wir. Die haben Fehler gemacht. Die machen Fehler, nach wie vor. Hätten sie doch. Würden sie doch nicht. Würden sie doch nicht zulassen, dass.

Als würden wir, jeder und jede Einzelne von uns, die Verhältnisse hier steuern. Als hätten wir ein gutes Leben, weil wir ein schlechtes schlicht nicht zugelassen haben.

Nein, wir sind nicht schuld an der Ungerechtigkeit in der Welt. Nur einige treiben die Kluft zwischen denen, die was haben, und denen, die nichts haben, immer weiter auseinander und sorgen dafür, dass ein paar wenige sehr viel haben, mehr als alle anderen zusammen. Einige können den Hals nicht voll genug kriegen. Nein, nicht einige von uns. Wir gehören nicht zu denen. Wir sind nicht die einigen Wenigen, und wir sind nicht die vielen Vielen. Wir sind irgendwo dazwischen. Zerrieben, wenn es so weitergeht. Jedenfalls kommt es uns so vor.

Wir würden ja für mehr Gerechtigkeit sorgen, wenn wir könnten. Aber so weit reicht unsere Macht nicht. Obwohl wir die Macht und die Kraft hatten, ein schlechteres Leben für uns nicht zugelassen zu haben – angeblich –, können wir kein gutes Leben für die bewirken.

Nein, stimmt nicht, wir tragen ja eh bei zu einem besseren Leben für die, so gut es eben geht. So gut es geht, tragen wir eine Schuld ab, die wir gar nicht haben. So gut es geht, heißt: Es geht halt mehr schlecht als recht. Wir bemühen uns ohnehin. Solange sie uns in Ruhe lassen. Das ist ja auch verständlich. Es ist verständlich, dass wir unseren Frieden wollen. Verständlicherweise möchten wir davon ausgehen, dass wir uns unseren Frieden verdient haben.

Wir wollen ja genau genommen nichts, was wir nicht

verdient haben. Darum ist uns so unbehaglich bei der Vorstellung, unser Glück sei unverdient. Darum bestehen wir darauf, dass es verdient ist.

Wir haben ja auch nur dieses eine Leben. Ehe wir uns versehen, ist es dahin. Das möchten wir nicht, und das ist unser gutes Recht. Man kann das ruhig so sehen: Der Mensch hat ein Recht darauf, sein einziges Leben so gut wie möglich zu verbringen. Man könnte sagen, das ist ein Menschenrecht. Mit dem Unterschied, dass die einen diesen Rechtsanspruch einlösen können, die anderen aber nicht. Wo steht, dass das zu Recht so ist?

So viele Tote. Man kann sich das gar nicht vorstellen. Man mag sich das gar nicht vorstellen. Es wird ja auch nicht besser davon, dass man es sich vorstellt. Es wird ja auch nicht schlechter davon, dass man es sich nicht vorstellt. Es tut denen doch nicht weh, wenn wir unser einziges Leben so gut wie möglich weiterleben. Es tut uns aber weh, wenn wir nicht verdrängen, dass deren einzige Leben im Mittelmeer ertrunken sind.

Wenn sie ihr Leben verlieren, weil sie an Leib und Leben durch Kriegshandlungen bedroht waren – das ist einsehbar. Aber Flucht vor Hunger, das ist zu wenig. Sollen sie halt Kuchen backen!

Das Mittelmeer. Die Feriensehnsucht unserer Kindheit und Jugend. Wir mögen uns unser Mittelmeer nicht als Massengrab vorstellen. Wir sind nicht so borniert, von denen zu verlangen, dass sie unser Mittelmeer nicht durch ihren Tod schänden sollen, aber dagegen, dass wir unser Mittelmeer als geschändet empfinden, können wir leider nichts machen.

Manche von uns sind in der glücklichen Lage, das, was sie unterlassen, als richtig zu empfinden. Das muss komfortabel sein. Zu fühlen, dass es eine Lösung ist, denen zu zeigen, dass wir sie vom Hals haben wollen.

Lustzwang

Oktober
12
2015

Sie mag nicht? Das ist doch krank!
Sagt die Pharmaindustrie.

Jetzt ist also eine Potenzpille für die Frau auf dem Markt, vorerst nur auf dem US-amerikanischen, aber wer weiß, wie bald auch bei uns. Zweimal hat die Food-and-Drug-Administration das Ding, das die Medien neckisch *rosa Viagra* oder auch *Lustpille* nennen, abgelehnt, mittlerweile wurde es zugelassen. Langzeitstudien fehlen, die Nebenwirkungen des Medikaments, das – im Unterschied zum echten Viagra – nicht fallweise, sondern ständig eingenommen werden muss, klingen abschreckend: Müdigkeit, Schwindel, Ohnmachtsanfälle.

Und worauf bekommt frau Lust, wenn sie das alles riskiert? Lust auf ungewaschene Typen im Feinripp-Leiberl und mit Alkfahne? Lust auf den adretten unbekannten Herrn, der ihr im Kaffeehaus gegenübersitzt? Lust darauf, jedes Mannsbild niederzureißen, das ihr über den Weg läuft? Lust auf Sex nach einem erschöpfenden Arbeitstag plus Kinderstress und Haushaltsplage? Lust beim Sex mit einem lieblosen Partner?

Der Unterschied zwischen dem Viagra für Männer und dem fälschlich sogenannten *Viagra für Frauen* ist fundamental: Das echte Viagra hilft, wenn einer will, aber nicht kann. Es kompensiert körperliche Schwächen.

Die rosa Pille hingegen soll Frauen dazu bringen, zu wollen. Wenn eine nicht will, obwohl sie könnte, dann hat das jedoch nichts mit physischen Unzulänglichkeiten zu tun, die mit einer Erektionsstörung vergleichbar wären. Lustlosigkeit spielt sich im Kopf ab.

Lustlosigkeit ist keine Fehlfunktion wie zu viel Magensäure, und keine organische Abnützungserscheinung wie ein kaputtes Hüftgelenk. Lustlosigkeit kann viele Gründe haben, bei Frauen wie bei Männern. Denn auch Männer können lustlos sein, trotz potenzieller Potenz. Sie könnten, wenn sie wollten, aber sie wollen nicht. Auch Männer sind müde, frustriert, abgekämpft, abgetörnt von einer lust- oder lieblosen Partnerin. Dagegen hilft auch ihnen kein Viagra.

Wie kommt es, dass bei Frauen Lustlosigkeit auf einmal als Krankheit bekämpft wird? Noch vor wenigen Generationen wurde sie ihnen von Kirche und Gesellschaft geradezu vorgeschrieben. Sie hatten dem Ehemann zur Verfügung zu stehen, wenn und weil er „es" brauchte, selber zu brauchen hatten sie sexuelle Erfüllung nicht. Zu Recht forderten die Frauen ihr Recht auf Lust ein, aber inzwischen ist daraus eine Pflicht geworden. Das Wollen mutierte zum Sollen. Was, sie mag nicht? Her mit der Pille, die den Schalter umlegt! Nur: So einfach ist es eben nicht. Es gibt keinen simplen Regler, der sexuelles Begehren einschaltet wie eine Lampe, die man bei Bedarf anknipst.

Die veröffentlichte Erfolgsbilanz der rosa Pille ist dementsprechend bescheiden. Statt 2,4 Mal kamen die Versuchspersonen angeblich 4,9 Mal im Monat zu befriedigendem Sex, wobei ein Placebo ebenfalls eine Steigerung brachte, nämlich auf 3,9 Mal. Die Kommastellen sind in diesem Zusammenhang etwas rätselhaft, irgendwie sollte man annehmen, dass ein Orgasmus nicht in Zehntelprozent gemessen wird, aber sei's drum – eine rauschende Performance schaut anders aus.

Wozu dann also das ganze Theater? Erstens, weil wir in einer Leistungs- und Wettbewerbsgesellschaft leben. Da darf der Leistungsdruck auf das Sexualleben nicht fehlen – alle sind aufgefordert, immerzu, jederzeit und bis ins hohe Alter ihr Äußerstes zu geben, Hochleistungssex lebenslang ist angesagt, demnächst werden die Krankenkassen einen Orgasmusnachweis verlangen, sonst keine Kostenübernahme für Zahnersatz, Sehbehelfe und Knieprothesen.

Zweitens und im Zusammenhang damit: weil's ein Geschäft ist. Viagra für Männer bringt Unsummen ein, da wird man doch den weiblichen Markt nicht auslassen!

Seit 1994 listet das Diagnosehandbuch der amerikanischen psychiatrischen Gesellschaft (Diagnostic and Statistical Manual of Mental Disorders, kurz DSM) weibliche Lustlosigkeit – im Fachjargon: verminderte sexuelle Appetenz – unter den sexuellen Funktionsstörungen der Frau auf. Mit anderen Worten: Nicht zu wollen ist krank. Und keinen Orgasmus zu kriegen beim Sex mit einem, dem frau zu Willen ist, obwohl sie eigentlich keine Lust dazu hatte, ist ebenfalls krank. Was liegt also näher, als Medikamente gegen diese Krankheiten auf den Markt zu bringen – vor allem, wenn 69 Prozent der WissenschafterInnen, die per DSM bestimmen, was krankhaft ist, mit der Pharmaindustrie verbandelt sind?

Ja, ganz richtig, gut zwei Drittel der MitarbeiterInnen am DSM haben Verbindungen zu den Pharmakonzernen. Das könnte einen zu der alten Henne-oder-Ei-Frage führen: Was war zuerst da – die angebliche Krankheit oder das angebliche Medikament dagegen?

Sexuelle Appetitlosigkeit kann auch eines von mehreren Symptomen einer depressiven Erkrankung sein, oh ja. (Nicht zufällig wurde der Wirkstoff, der jetzt in der rosa Pille zur Anwendung kommt, zuerst als Antidepressivum getestet.) Aber kein Bock auf Sex ist zunächst mal nicht pathologisch, sondern eine Reaktion auf lusttötende Lebensumstände. Und die Vorstellung, dass es eine Pille gäbe, die Frauen besinnungslos auch nach Ungustln schmachten ließe, ist schlicht gespenstisch.

Wer warum regiert

November
9
2015

Oder: Überall der Quotenwahnsinn –
schon jeder zweite Mensch ist eine Frau.

Wie kommt es, dass sich in Oberösterreich ungeniert eine Landesregierung zusammenfindet, die aus lauter Männern besteht, nachdem sie die einzige noch im Rennen befindliche Frau per Kampfabstimmung abgeschossen haben? Wie kommt es, dass die Empörung darüber zwar mediale Wellen schlägt, den Verantwortlichen aber ganz offensichtlich total fäkalegal ist? Und warum dominieren im Internet als Reaktion darauf Postings, in denen die abgeschossene Landesrätin im Speziellen und Politikerinnen generell als inkompetent und unnötig geschmäht werden?

Das kommt daher, dass viele Menschen hierzulande eine selbstverständliche Repräsentanz von Frauen in halbwegs wichtigen Gremien, Positionen und Berufsfeldern anscheinend nicht als selbstverständlich empfinden.

Warum sonst berichten die Medien wie über eine Machtübernahme, wenn Frauen ein Stück weit in Männerdomänen vordringen? Warum zum Beispiel wird mittlerweile eine Feminisierung der Medizin, eine Verweiblichung der Justiz behauptet? Ich wurde bereits mehrfach eingeladen, über diesen angeblichen – und als bedrohlich empfundenen – Vormarsch der Frauen zu referieren. Wer sich jedoch die entsprechenden Zahlen anschaut, sieht, dass von der suggerierten Ablöse der Männer nicht die Rede sein kann.

Beispiel Justiz: Die höchsten Positionen – vom Minister über den Präsidenten des Obersten Gerichtshofs, den Leiter der Generalprokuratur und seine Stellvertreter bis zu den

Präsidenten der Oberlandesgerichte – sind mehrheitlich mit Männern besetzt. Der Frauenanteil in den höheren Ebenen kommt, grob gesagt, über 30 Prozent selten und über 40 Prozent nie hinaus. Einen leichten Frauenüberhang gibt es lediglich bei den RichterInnen (55 Prozent) und den Staatsanwältinnen (54 Prozent).

Beispiel Medizin: 90 Prozent der Primariate werden von Männern gehalten, zwei Drittel der Fachärzte sind ebenfalls Männer. Nur bei den AllgemeinmedizinerInnen ist das Zahlenverhältnis einigermaßen ausgewogen, hier liegt der Frauenanteil bei 52 Prozent. Die Ärztekammer drückt das auf Anfrage allerdings anders aus: Es zeichne sich eine Feminisierung der Medizin ab, bereits jeder dritte Facharzt und mehr als jeder zweite Allgemeinmediziner sei weiblich.

Wow, Quotenwahnsinn: Jeder zweite Mensch ist eine Frau! Die österreichische Bevölkerung – feminisiert. Oder ist eine Gruppe, die etwa zur Hälfte aus Frauen und zur Hälfte aus Männern besteht, doch keine verweiblichte Gruppe? Tatsächlich spiegeln die genannten Zahlen gerade einmal die demografische Normalität wider. Aber in Sachen Feminisierung schlagen die Warnsysteme früh an. Empfindliche Sensoren messen jede Erschütterung von jedem Frauenschritt auf bislang männliches Territorium. Hilfe, eine Frau! Und noch eine! Wohin soll das führen?

Hingegen wird eine Frauenquote von null Prozent – sobald es um halbwegs erstrebenswerte Positionen geht – als nicht weiter ungewöhnlich angesehen. Zur Begründung dann häufig das blöde Argument, es komme doch nicht auf das Geschlecht, sondern auf die Qualifikation an. Jetzt im Ernst: Kann man wirklich glauben, eine 100-prozentige Männerquote komme dadurch zustande, dass Männer zu 100 Prozent qualifizierter sind als Frauen? Oder, anders gefragt: Wie unterbelichtet muss einer sein, der Frauen samt und sonders für unterbelichtet hält?

In politische Ämter gehören ausreichend Frauen – nicht, weil sie bessere PolitikerInnen sind, nicht, weil nur sie Frauenanliegen vertreten können, nicht, weil sie das politische Geschäft weicher, gefühlvoller, weiblicher betreiben sollen, sondern einfach, weil sie die Hälfte der Bevölkerung ausmachen und das Recht haben, die Gesellschaft, in der sie leben, mitzugestalten. Sie brauchen dafür keine Extraerlaubnis, es bedarf dazu keiner eigenen Erklärung, sie müssen nicht doppelt so kompetent und dreimal so fleißig sein wie ihre männlichen Kollegen, weil sie sich nämlich nicht als Ausnahmeerscheinung qualifizieren müssen und keine Ausnahmegenehmigung benötigen, um ganz normal mitmischen zu dürfen, wenn sie mitmischen wollen.

Politische Körperschaften spiegeln die gesellschaftliche Realität wider. Eine Landesregierung ohne Frauen bildet ein Land ab, in dem Frauen nichts zu melden haben. Sich dazu – und noch dazu ohne Scham – zu bekennen, ist eine Schande. Im sogenannten Arbeitsübereinkommen von ÖVP und FPÖ in Oberösterreich heißt es übrigens: „Intolerantes Verhalten gegenüber unserer Lebensart und Kultur, der Gleichstellung von Mann und Frau und gegenüber der in Österreich gelebten Religions- und Meinungsfreiheit ist inakzeptabel. (...) Mangelnder Respekt bis hin zur Herabwürdigung von Frauen, vor allem in Bezug auf deren berufliche Position (...), kann nicht toleriert werden."

Ganz recht! Und wenn's die Zugewanderten nicht kapieren, dann brauchen sie sich nur die frauenlose Landesregierung anzuschauen, um zu sehen, was Gleichstellung nach unserer Lebensart bedeutet, wie man Frauen würdigt und wie man sie in ihrer Funktion als Politikerinnen respektiert. Satire? Leider nein.

Gewinnmaximierung

November 23 2015

Ich werde Ihre Zähne privatisieren. Und Ihnen fürs Selberputzen eine Gebühr verrechnen.

Die Bank Austria sperrt einen Großteil ihrer Filialen zu, und andere Geldinstitute werden es ihr demnächst nachmachen. Die Fachleute begrüßen das, weil Österreich sowieso *overbanked* sei. Außerdem sind die PrivatkundInnen, heißt es, ein Verlustgeschäft, weswegen es genüge, wenn die Banken elektronisch mit ihnen verkehren. Beschämt ducke ich mich im Bewusstsein, ein übler Klotz am unternehmerischen Bein meiner Bank zu sein, und unterdrücke die Frage, warum es früher rentabel war, mein Geld entgegenzunehmen und für Bankgeschäfte zu verwenden. Ist mein Geld nicht mehr gut genug, um verspekuliert zu werden? Wenn ja, was hat diese Mutation bewirkt? Oder waren Bankfilialen von Anfang an eine Manifestation selbstloser Güte, die man sich heutzutage nicht mehr leisten will?

Meine schlechte Nachrede kränkt mich auch deswegen, weil ich mich ohnehin seit Jahren bemühe, meiner Bank nicht lästig zu fallen. Ich kann mich gar nicht mehr erinnern, wann ich zum letzten Mal einen Schalter aufgesucht habe, um Geld zu überweisen, Kontoauszüge zu verlangen oder Bargeld abzuheben. Ich buche per Computer ab und um, meine Kontoauszüge spuckt eine Maschine aus und Bargeld beziehe ich aus Automaten. Na gut, die müssen allerdings von den Banken zur Verfügung gestellt werden. Kein Wunder, dass sie das Bargeld langfristig abschaffen wollen.

Zugegebenermaßen sind die Banken nicht die Einzigen, die Dienstleistungen und/oder Geschäftslokale einsparen.

Wir haben uns längst daran gewöhnt, in Läden ohne Assistenz nach der richtigen Ware zu suchen oder überhaupt online einzukaufen. Und für den Fall, dass uns was Unpassendes geschickt wird, den Krempel wieder einzupacken und damit zur Post zu traben, um ihn zwecks Umtausch zurückzuschicken. Was uns nur gelingt, wenn wir herausfinden, wo der nächste Postpartner ist und wann er zu amtieren geruht.

Was lerne ich aus all dem? Ich lerne, wie man Gewinne maximiert. Auch ich möchte ja nach Profit streben, wie es sich gehört, und suche deshalb nach vielversprechenden Geschäftsmodellen. Wichtig ist offenbar, das Preis-Leistungs-Verhältnis dahingehend zu optimieren, dass Bezahlung nicht automatisch einen Lieferungsanspruch nach sich zieht. Wenn der geschickte Kunde zum Beispiel imstande ist, Möbel selber zusammenzubauen, dann kann man doch eigentlich auch verlangen, dass er sich die Bauteile dafür selber bastelt. Ich überlege daher, eine Firma zu gründen, deren Einnahmen durch keinerlei Warenausgabe geschmälert werden. Bestellen Sie, was Sie wollen – Sie bekommen nichts, das aber pünktlich, nachdem Sie fürs Bestellen bezahlt haben! Auch Dienstleistungen nach diesem Prinzip sind denkbar, ich lasse Sie notwendige Arbeiten selber machen, und Sie danken es mir mit einem monatlichen Motivationsentgelt.

Noch besser gefällt mir freilich die Idee, auf den Privatisierungszug aufzuspringen. Die Privatisierung hat eine lange, ehrwürdige Tradition. Vormals hieß sie Landnahme (oder auch Landraub) und hat auf mehreren Kontinenten prächtig funktioniert. Ich für meinen Teil plane, menschliche Körperteile zu privatisieren. Das heißt zum Beispiel, ich gründe ein Unternehmen, das sämtliche menschlichen Zähne zu meinem Privateigentum erklärt. Ja, Zahnraub, gewissermaßen. (Obwohl mir Zahnnahme lieber wäre.) Dafür, dass ich Ihre Zähne dann in Ihrem Mund lasse und Ihnen erlaube, sie zu benützen, haben Sie in Zukunft eine Gebühr an meine Firma zu entrichten. Schlau, was? Das Gleiche könnte ich auch mit Ihren Nieren machen. Damit wäre sogar ein schwungvoller Handel möglich. Aber keine Angst, vielleicht handle ich ja nur mit Ihren Nieren, ohne sie dann wirklich an einen Empfänger zu liefern. Weil: Gewinnmaximierung.

Falls Ihnen das jetzt etwas schräg vorkommt: Schauen Sie sich doch an, was in vielen Weltgegenden bereits mit dem Wasser passiert. Lebensnotwendige Ressource, aber: privatisiert. Konzerne pumpen Grundwasser ab, füllen es in Flaschen und verkaufen es dann denen, deren Brunnen sie mehr oder weniger zum Versiegen gebracht haben, für geschmalzene Preise.

Ein Schuft freilich, wer das edle Motiv dahinter übersieht. Es gehe darum, gedankenlose Wasserverschwendung zu verhindern, rechtfertigte sich Nestlé für dieses Vorgehen (unter anderem in Pakistan und in den USA), nur deshalb müsse Wasser einen ökonomischen Wert haben.

Sehen Sie, genauso ist es mit Ihren Organen: Ich möchte Sie lediglich davon abhalten, mit Ihren Zähnen leichtfertig Bierflaschen zu öffnen oder Ihre Nieren durch übermäßigen Salzkonsum zu strapazieren. Dadurch, dass ich Ihnen den ökonomischen Wert Ihrer Zähne bewusst mache, rege ich Sie an, sie zu pflegen und zu erhalten. Das ist doch weitblickend und verantwortungsbewusst von mir.

Fürs Zähneputzen werde ich Ihnen übrigens eine Extragebühr verrechnen müssen. Nein, natürlich putze ich Ihre Zähne nicht. Das müssen Sie schon selber tun. Der Bank zahlen Sie ja auch Kontoführungsentgelt, obwohl Sie sich mit Ihren Zahlscheinen selber plagen.

Dichtervater

Februar
8
2016

Das Kind als kreativer Impuls. Oder: Was bei wem als intensive Beziehung durchgeht.

Der Sohn hat einen berühmten Vater. Dichter ist der und quasi von Berufs wegen unangepasst. Darauf ist er stolz. Er legt, wie man aus zahlreichen Interviews weiß, Wert darauf, kein Spießer zu sein und demzufolge auch kein Spießervater, so einer, der jeden Tag greifbar ist, womöglich in einem gemeinsamen Haushalt, die Banalitäten des Alltags mit Kind und Kindesmutter teilend. Nein, so einer ist er nicht. Er trifft den Sohn eher nur alle heiligen Zeiten, aber sie haben eine intensive Beziehung. Sagt der Vater. Was der Sohn dazu sagt, erfährt man nicht. Der Sohn ist eine öffentliche Person bloß in seiner Funktion als Spiegelung des Vaters. Der Sohn ist sozusagen bloße Funktion, bloßgestellt, könnte man auch sagen. Da er aber nur als Impulsgeber für den Vater beschrieben wird, kommt sein tatsächliches Ich vielleicht einigermaßen ungeschoren davon bei dieser öffentlichen Zurschaustellung.

Fast 50 war der Vater, als er Vater wurde, und eigentlich wollte er nie Vater werden. Aber immerhin hat er an dem Tag, an dem der Sohn geboren wurde, ein Gedicht für den Sohn, an den Sohn geschrieben, und seitdem schreibt er immer wieder Gedichte für und an ihn, zum Beispiel als Geburtstags- und als Weihnachtsgeschenke. Sie füllen mittlerweile Bücher, denn der Sohn ist inzwischen 25.

Der Vater sagt über ihn Sätze wie diese: „Normalerweise hätte mein Sohn missraten müssen, er ist ein uneheliches Kind, er trägt auch nicht meinen Namen, dem fehlt die Nestwärme, dem fehlt die Harmonie, mit der ihn Vater und Mutter gemeinsam umsorgen."[8]

Der Vater sagt das natürlich nur, um solch spießerische Einschätzungen Lügen zu strafen, weil sein Sohn ja, wie sich herausgestellt hat, keineswegs missraten ist. Das betrachtet der Vater aber offensichtlich nicht als Verdienst der Mutter, die sich den Mühen der alltäglichen Kinderbetreuung anscheinend nicht entzogen hat, sondern er schreibt es der genetischen Ausstattung des Sohnes und seiner unkonventionellen Auffassung von Vaterschaft zu. Wörtlich: „Ich habe ihn auch niemals mit einem sorgenvollen Blick beobachtet, ob da etwas in ihm ist, was sich zu etwas Ungutem auswachsen könnte."[9]

Wäre man ein wenig kritisch dem Vater gegenüber, könnte man zu dem Schluss kommen, dass hier einer sein Kind benützt, um seine narzisstische Eitelkeit zu befriedigen. Wäre der Vater eine Mutter, würde man vielleicht sogar sagen, sie missbrauche ihr Kind, um ihren Narzissmus zu bedienen. Denn niemals würde man einer Mutter so viel Verantwortungsscheu ungestraft durchgehen lassen. Dem Dichtervater Wolf Wondratschek hingegen wird nicht nur bewundernd gelauscht, seine Absonderungen in puncto Vaterschaft werden auch immer wieder bewundernd wiedergegeben. Und das ist das eigentlich Monströse an der Sache: dass einer für seine, sagen wir mal, saloppe Auffassung von Vaterpflichten atemlose Zustimmung kriegt.

Kann ja sein, dass Herr W. der Mutter seines Sohnes von Anfang an vermittelt hat, er fühle sich nur seiner Kunst verpflichtet und habe keinen Bock auf Familienleben. Kann ja sein, dass sie das von Anfang an akzeptiert hat. Kann ja sein,

---

8 Der Standard, Album, 30.1.2016

9 Ebd.

dass sie sich lieber mit einem egozentrischen Dichter fortpflanzen wollte als mit einem braven Familienvater. Kann ja sein, dass der Sohn den schrägen Vater im Alltag nicht entbehrt hat, weil mütterliche Zuverlässigkeit ihn ausreichend stabilisierte. Man weiß es nicht. Was man weiß, ist, dass Herr W. sich eines Sohnes berühmt, den er nach eigener Aussage für ein ungeschütztes Kind hält, mit dem Zusatz, er finde ungeschützte Kinder interessanter als geschützte.[10] Sollte er dafür nicht, wie man in seinem Herkunftsland sagen würde, eine vor den Latz kriegen? Schließlich haben Kinder nicht die Aufgabe, interessant für ihre Eltern – oder für wen auch immer – zu sein, sondern Eltern haben die Aufgabe, die Kinder verdammt noch einmal nach Kräften zu beschützen.

Das gelingt ihnen nicht immer. Eltern sind fehlbar. Eltern haben menschliche Schwächen. Eltern sind unvollkommen und dürfen es sein. Penetrant wird es nur, wenn ein Promi seine charakterlichen Defizite als notwendige Merkmale einer bewunderungswürdigen Persönlichkeit verkauft, und noch penetranter wird es, wenn ihm das widerspruchslos abgekauft wird.

Nein, ein Gedicht zu Weihnachten ist keine adäquate Kompensation für konsequent vorenthaltene Zuwendung unterm Jahr! Auch wenn Herrn W.s Sohn sich damit zufriedengeben mag, ist dieser Deal keiner, den es öffentlich zu preisen gilt. Es sei denn, wir wollen alle Väter verhöhnen, die sich Tag für Tag um ihre Kinder kümmern, statt sie dann und wann für einen kreativen Prozess zu instrumentalisieren.

Wolf Wondratschek ist bekanntlich nicht der einzige Mann von Rang und Namen, der in seiner Selbstdarstellung damit kokettiert, dass sein außergewöhnliches Naturell ihn zwinge, sich herkömmlichen Ansprüchen in Sachen

10 Ebd.

Partnerschaft und Vaterpflichten zu verweigern, um stolz hinzuzufügen, dass alle seine Kinder enorm davon profitierten.

Vielleicht glauben die Typen ja, was sie sagen – aber warum sollen wir es glauben?

Gut drauf sein

März
7
2016

Ist man depressiv oder bloß deprimiert, wenn man auf Trauriges mit Traurigkeit reagiert?

Mein Lieblingswitz handelt von zwei Wiener Emigranten, die in den 1940er-Jahren in den USA sitzen und überlegen, was sie tun würden, wenn sie wieder in die alte Heimat könnten. „Als Erstes", sagt einer, „als Erstes würde ich ins Kaffeehaus gehen und grantig schauen!"

Wie gut ich das nachvollziehen kann. Grantig zu schauen, war und ist in den USA verpönt. Man hat immer gut drauf zu sein, optimistisch, zuversichtlich, unbeirrbar sein Glück schmiedend – so gehört es sich. Sieger granteln nicht und grübeln nicht. Und wer wollte kein Sieger sein in einer Gesellschaft, die davon ausgeht, dass Gott aufseiten der Tüchtigen und Erfolgreichen steht!

Sehr schön zeigt sich die gebotene Unbesiegbarkeit in dem rituellen Frage- und Antwortspiel, das wir aus amerikanischen Filmen und TV-Serien kennen. Da werden Menschen niedergeschlagen und angeschossen, brechen weinend zusammen oder wurden gerade ausgeraubt – und was fragen diejenigen, die sie auffinden und ihnen zu Hilfe eilen? „Alles okay?", fragen sie. – Alles okay? Und die Angeschossenen, Weinenden, Ausgeraubten antworten artig, mit zusammengebissenen Zähnen: „Alles okay."

Der Subtext dazu geht so: „Hör zu, ich sehe ja, dass du gerade in der Scheiße sitzt. Aber komm bloß nicht auf die Idee, mich damit zu belästigen. Steck mich nicht an mit deinem Unglück! Reiß dich zusammen und behalte dein Leid für dich." Antwort: „Keine Angst, ich komme dir nicht zu nahe, und ich erwarte nicht, dass du mir näherkommst. Ich kenne die Spielregeln."

Dahinter steht der – calvinistische – Glaube an die Gottgefälligkeit des Tüchtigen, der sich nicht unterkriegen lässt und dem die Welt gehört, wenn er nur will. Auf der anderen Seite des Spektrums: die Tradition der Klageweiber. Heulen und Haareraufen, hemmungsloser Schmerz und Hingabe an das Unglück. Clash oft Cultures, in dem die Klageweiber zu unterliegen drohen. Denn längst ist der Calvinismus im Neoliberalismus aufgegangen und hat sich in dieser Form über den Globus verbreitet. Auch bei uns ist es nicht länger erwünscht, schlecht drauf zu sein. Sich zusammenzureißen, nützt der Wirtschaft. Das Prinzip des hemmungslosen Wehklagens schadet ihr. Wer klagt, vergisst aufs Tüchtigsein.

Natürlich hat es was Verlockendes, von der absoluten Kontrolle über das eigene Schicksal auszugehen, und davon, dass Glücklichsein der natürliche Urzustand des Menschen ist, in den sich jeder jederzeit versetzen kann, wenn er sich bemüht. Aber warum klappt das in der Realität so selten?

Immer mehr Menschen in Österreich, so stand kürzlich in den Zeitungen, nehmen Medikamente gegen Depressionen. Die Meldungen beriefen sich auf eine Studie der Donau-Universität Krems, wonach der Psychopharmaka-Umsatz zwischen 2006 und 2013 um 31 Prozent gestiegen ist. Die Grundlagendaten lieferte ein Arzneimittel-Marktforschungsinstitut, und eine Schlussfolgerung der Studienautoren lautete, dass es in Österreich eine geschätzte Million psychisch Kranker gäbe, die dringend behandelt werden müssten, nicht nur mit Antidepressiva, sondern auch mit Psychotherapie.

Dem ist insofern zuzustimmen, als der ausschließliche Einsatz von Medikamenten immer zweifelhaft ist, wenn es auch noch andere Methoden zur Krankheitsbekämpfung gibt. Davon abgesehen stellt sich allerdings die Frage: Gehen wir vielleicht etwas großzügig mit der Diagnose „Depression" um? Ist es eine Erkrankung, nicht ständig gut drauf zu sein? Gehört es nicht auch zur menschlichen Natur, dass man sich mal mies und lustlos fühlt? Und ist man depressiv oder bloß deprimiert, wenn man auf traurige Ereignisse mit Traurigkeit reagiert? Falls man mit gutem Grund nicht strahlt und jubelt, reicht es dann aus, nur die eigene Stimmung zu bekämpfen?

Nein, das ist nicht der Versuch, die Krankheit Depression zu leugnen. Sondern das ist eine Warnung, in die Depressionsfalle zu tappen, wenn es in Wahrheit um gesellschaftliche Rahmenbedingungen gehen sollte. Die Aufforderung, positiv denkend mit jeder noch so misslichen Situation fertigzuwerden oder als Problemfall seine Psyche therapieren zu lassen, dient ja der Aufrechterhaltung des politischen Status quo. Steigende Belastungen am Arbeitsplatz und unsichere soziale Verhältnisse machen die Studienautoren mitverantwortlich für eine Zunahme psychischer Erkrankungen in ganz Europa. Hat was für sich. Aber wenn es so ist: Gehören dann die Symptome therapiert oder die Ursachen abgeschafft? Psychotherapie und Antidepressiva reduzieren Arbeitsstress nicht und schaffen keine soziale Sicherheit, allenfalls helfen sie, das Arbeitsleid besser zu ertragen.

Bringt schließlich auch was? Ja, vor allem denen, die vom Arbeitsleid des Prekariats profitieren. Deshalb: allgemeiner Optimismuszwang.

Sie da, alles okay? Ja, alles okay. (Bis auf die Kleinigkeit, dass mir jetzt ein Auge fehlt. Aber, hey, wer sagt denn, dass man es nicht auch mit einem Auge vom Tellerwäscher zum Millionär bringen kann? Die allersuperreichsten Millionäre haben bestimmt als einäugige Tellerwäscher angefangen!)

Uterus-Leasing

März
21
2016

Leihmutterschaft wird immer selbstverständlicher. Das ist keine gute Nachricht.

Erfolgsmeldung aus Italien: Der schwule Linkspolitiker Nichi Vendola und sein Partner Eddy Testa sind Eltern eines Buben geworden. Den Samen spendete Testa, die Eizellenspenderin bleibt anonym, ausgetragen und – in Kanada – geboren hat das Kind eine US-Amerikanerin indonesischer Herkunft. Ein Etappensieg der Schwulenbewegung? Oder „abscheulicher Egoismus", wie die Lega Nord befand? Die Reaktionen (nicht zuletzt in den sozialen Medien) sind, wie zu erwarten war, gespalten. Während die einen das arme Kind bedauern, dessen genetische Abstammung verwirrend ist, argumentieren die anderen mit der Liebe und Geborgenheit, die diesem Kind, im Gegensatz zu vielen anderen, gewiss sei. Auch über künstliche Befruchtung diskutiert man, und darüber, ob gleichgeschlechtliche Elternpaare was Tolles oder strikt abzulehnen seien. Kaum thematisiert wird hingegen die Leihmutter, ohne deren Miet-Bauch kein Kind zustande gekommen wäre.

Unschönes Wort, Miet-Bauch? Ja, aber genau so ist es: Eine Frau wird angeheuert, ihren Uterus für die Dauer einer Schwangerschaft zur Verfügung zu stellen und danach ein Kind zu gebären. Entgeltliche Frauenkörperbenützung, diesfalls zum Zweck der Kinderwunscherfüllung. Der weibliche Organismus als Leasing-Nährboden für Zuchtnachwuchs betuchter Kunden (die allerdings nur betucht sein müssen, um horrende Vermittlungsgebühren an Zwischenhändler, zum Beispiel Fertilitätskliniken, zu bezahlen, denn die Leihmutter verdient an dem Deal in der Regel am allerwenigsten).

In der Debatte kein Wort dazu. Auch der von den Rechten gegeißelte „abscheuliche Egoismus“ bezieht sich nicht darauf, dass er zu Lasten der Leihmutter geht, sondern nur auf das „Widernatürliche“ an der Angelegenheit. Und warum kein Wort zur Leihmutter? Weil die Ausbeutung von Frauenkörpern eine lange Tradition hat, die hinzunehmen wir gewöhnt sind?

Keine Frage, dass uns die Befindlichkeit der Kinder ein wichtiges Anliegen sein muss, aber das eine hebt das andere nicht auf. Das Schicksal der Leihmütter als nebensächlich anzusehen, ist arrogant und menschenverachtend. Um sie sollte sich die Diskussion als Erstes drehen, denn die Frage ihrer Zulässigkeit ist der Dreh- und Angelpunkt dabei. Sie machen die Kinder erst möglich, um die es in der weiteren Auseinandersetzung geht. Diese Frauen setzen aus wirtschaftlicher Not ihre Gesundheit, oft auch ihr Leben aufs Spiel. Sie werden reglementiert und kontrolliert wie Zuchtvieh. Wenn sie Pech haben, bleiben sie auf der bestellten Ware Kind sitzen, weil die AuftraggeberInnen Mängel (also zum Beispiel eine Behinderung) nicht akzeptieren wollen. Leihmutterschaft ist temporäre Sklaverei, nichts anderes. Die Sklavinnen finden sich in wirtschaftlich unterentwickelten Ländern und überall dort, wo es ein drastisches soziales Gefälle gibt – in Indien und Thailand in großer Zahl, in der Ukraine, aber auch in den USA, wo Leihmutterschaft in 18 Bundesstaaten legal ist.

Längst ist die Leihmutter als selbstverständliche Realität auch in der Populärkultur angekommen. Zum Personal neuerer Soaps gehört das schwule Quotenpaar (grundsätzlich ein löblicher Diversity-Tribut), das, wenn es zur Familiengründung schreitet, nach einer professionellen Gebärmutter Ausschau halten muss. (Schon wieder hässliche Worte, aber notwendig zur Präzisierung hässlicher Verhältnisse.) Tatsächlich werden Leihmütter zwar häufiger von heterosexuellen AuftraggeberInnen beschäftigt, aber in der Serienwelt kommen solche weniger oft vor. In jedem Fall wird die zu findende Kindesausträgerin als Dienstleisterin dargestellt, deren potenzielle Verfügbarkeit keine Skrupel hervorruft. So wird Leihmutterschaft in der öffentlichen Wahrnehmung zu einer lässigen Zuverdienstmöglichkeit wie das Schneidern von originellen Outfits.

Eine beunruhigende Entwicklung, die im Europarat und von der Haager Konferenz für Internationales Privatrecht auch noch vorangetrieben wird: Durch die Erarbeitung internationaler Standards soll die Leihmutterschaft – gegen nationale Verbote (wie in Österreich) – global quasi legalisiert werden. Allerdings beginnt sich Widerstand zu formieren, international in Form der Kampagne „Stop Surrogacy Now/Stoppt Leihmutterschaft jetzt" und national auch in Österreich. Renommierte WissenschafterInnen aus den Bereichen Medizin, Psychologie und Soziologie äußern in einer aktuellen Presseaussendung große Besorgnis über das Vorhaben des Europarats, die Katholische Frauenbewegung rief am Internationalen Frauentag dazu auf, „Bemühungen auf allen entscheidenden Ebenen zu bündeln, um ein globales Verbot der kommerziellen Leihmutterschaft zu erwirken", und die Homosexuellen-Initiative HOSI hat sich entschieden, den „Schutz der Frauen vor Ausbeutung" über den „Kinderwunsch von schwulen Männern" zu stellen. „Angesichts der wirtschaftlichen Ungleichheit zwischen Arm und Reich", heißt es im Forderungsprogramm der HOSI, sehe man die Gefahr von Ausbeutung und Zwang. Und weiter: „Vor diesem Hintergrund lehnen wir die Leihmutterschaft ab." Ja, so geht's auch ...

Burkirndl

September
5
2016

Was man aus der Debatte um die Vollverschleierung von Frauen lernen kann.

Wieder eine Menge gelernt in den vergangenen Wochen, diesfalls zur Vollverschleierung von Frauen. Hier kommen die wichtigsten Fakten.

Erstens: Vollverschleierung ist okay, wenn sie üblich ist. Überall dort, wo sich Frauen im ganzen Land total verhüllen müssen, ist das gelebter Alltag, den es zu respektieren gilt. Gudrun Biffl, Leiterin des Departments für Migration und Globalisierung an der Uni Krems, im Ö1-„Mittagsjournal" am 19. Juli auf die Frage, ob die Vollverschleierung ein Zeichen von Unterdrückung sei: „Es kommt drauf an, in welchem Land man lebt. (...) In anderen Ländern ist es Alltag. Das sind andere Werte."

Also: In Saudi-Arabien zum Beispiel hat das Sich-Versteckenmüssen von Frauen unter langen schwarzen Mänteln und hinter Gesichtsschleiern nichts mit Unterdrückung zu tun, genauso wenig wie die Tatsache, dass Frauen dort unter der Vormundschaft ihres nächsten männlichen Verwandten stehen und dass ihnen Autofahren bei Strafe verboten ist. Denn wenn Menschenrechte für Frauen in einem Land unüblich sind beziehungsweise kein gelebter Alltag, dann nennen wir das nicht Unterdrückung, sondern Werte.

Zweitens: Die Vollverschleierung ist auch zulässig, wenn sie, ganz im Gegenteil, in einem Land sehr selten vorkommt. Was selten ist, ist nicht der Rede wert, wie Mundraub, Rotlauf, seltene Erden oder eben der Gesichtsschleier.

Drittens: Dass sie selten ist, merkt man schon daran, dass

es im Straßenbild kaum vollverschleierte Frauen gibt. Auch in Deutschkursen tauchen sie so gut wie nie auf. Das hat bestimmt nichts damit zu tun, dass in den Deutschkursen Männer und Frauen gemeinsam unterrichtet werden. Gäbe es überhaupt vollverschleierte Frauen, würden wir sie mit Sicherheit in Deutschkursen, Discos und Strandbädern treffen.

Viertens: Gut, dass die Vollverschleierung erlaubt ist, weil andernfalls viele Frauen daheim eingesperrt wären. Vollverschleiert hingegen dürfen sie wenigstens aus dem Haus und Deutschkurse, Discos oder Strandbäder aufsuchen.

Fünftens: Wenn Männer ihre Frauen lieber einsperren, als sie unverhüllten Gesichts aus dem Haus zu lassen, dann sollte man sie nicht provozieren. Wir wissen ja: Besser, eine kriegt ab und zu eine Tachtel, wenn sie genervt hat, als dass aufgestauter Ärger den Patriarchen einmal so richtig zum Explodieren bringt.

Sechstens: Vollverschleierung ist total okay, wenn die Verschleierten beziehungsweise ihre Männer ordentlich Kohle hier abwerfen. Wir leben vom Fremdenverkehr. Ein Milliardär, der reichlich Zaster bei uns lässt, dürfte seine Frau auch an den Ohren durchs Goldene Quartier schleifen, da sollten wir als Tourismusland nix dagegen haben.

Siebtens: Glaubt irgendwer, die Luxustouristinnen mit Vollschleier wären lieber unverschleierte Verkäuferin im Goldenen Quartier? Na eben. Ihre Bediensteten vielleicht. Die werden ja, wie man so hört, strenger als streng gehalten. Aber die gehen uns nix an. Da sind schon wieder andere Werte im Spiel.

Achtens: Die Vollverschleierung entspricht einem weiblichen Bedürfnis. Julia Herr, Vorsitzende der Sozialistischen Jugend Österreichs: Wenn ich eine Burka tragen will, kann ich eine tragen – und aus. Genau. Was haben sich wohlmeinende Männer nicht schon den Mund fusslig geredet, von wegen: Unter der Burka ist es verdammt heiß! Aber nein, wenn sich Frauen eine Burka in den Kopf setzen, ist kein Kraut dagegen gewachsen.

Wahrscheinlich was Genetisches. Deswegen tritt die Vorliebe fürs Burkatragen in manchen Landstrichen massiert auf, die Mütter vererben sie dort ihren Töchtern.

Neuntens: Die Vollverschleierung ist eine Tracht wie jede andere. So drückte es eine Wiener Geschäftsfrau im Radiointerview aus. Sie wolle ja auch, sagte sie, dass ihr Dirndl in Italien akzeptiert werde. Da ist was dran. Wie würden wir uns ärgern, wenn wir in Lignano oder Florenz befremdete Blicke ernteten, nur weil wir wie gewohnt unseren Campari im Ausseer Festtagsdirndl schlürfen!

Zehntens: Alles sollte Platz haben in unserer modernen Gesellschaft. Weil sie immer vielfältiger wird, muss auch unsere Kleidung vielfältig sein. Egal ob Dirndl, Minirock oder Brustgeschirr mit Leine, wir sind dafür.

Elftens: Die wahren Verfechter von Frauenrechten in Österreich erkennt man daran, dass sie jedes Bemühen um Geschlechtergerechtigkeit als *Gender-Wahnsinn* verhöhnen. Sie nennen den Feminismus eine Bedrohung der Familie. Sie sind gegen Frauenquoten, das Binnen-I, die Töchter in der Bundeshymne und gegen die Fristenregelung. Sie behaupten, der Mann sei zum Führen geboren. Sie haben 2016 zum genderfreien Jahr ausgerufen. Sie wollen die Frauenhäuser schließen, weil die eine Bedrohung der Ehen seien. Sie haben den sogenannten Pograpsch-Paragrafen, der sexuelle Belästigung unter Strafe stellt, wütend bekämpft. Aber beim Stichwort *Burka* beginnen sie zu speicheln wie Pawlowsche Kampfhunde und preschen vor zur Rettung des abendländischen Frauenbildes. Kein Wunder, denn das schaut, wie es Jelena Gučanin in der Zeitschrift „Wienerin“ treffend beschreibt, so aus: blond, blauäugig, nackt.

Elendsaktionismus

September
19
2016

Nächste Woche wollen wir zu diesem Konzert in der Brandruine eines Asylbewerberheims.

Am meisten beeindruckt hat uns bisher diese Installation auf der schwer zugänglichen Passhöhe in den Pyrenäen. Sie wissen schon, dort hat dieser international bekannte Künstler per Hubschrauber mehr als 2000 von Flüchtlingen getragene Schuhe abwerfen lassen. Die liegen jetzt zwischen den Felsen und sensibilisieren die Besucher für das Flüchtlingselend in der Welt. Es war nicht einfach und schon gar nicht billig, zwei Plätze im Shuttle zu bekommen, der Kulturinteressierte zum Schauplatz der Kunstaktion fliegt, aber wir haben es geschafft und nicht bereut. Nicht, dass wir vorher dem Flüchtlingselend gleichgültig gegenübergestanden wären, aber der Anblick der Schuhe in der kargen pyrenäischen Berglandschaft, das hatte was unerhört Authentisches und war zugleich von starker Symbolkraft.

Ja, auch die Kunstwerke aus Rettungswesten dieses anderen großen Künstlers sind natürlich berührend. Gebrauchte Rettungswesten als Lotusblüten auf dem Teich des Belvedere, gebrauchte Rettungswesten an den Säulen des Konzerthauses auf dem Berliner Gendarmenmarkt – wir haben uns beides angesehen, waren ergriffen und sind gespannt, was wem demnächst noch dazu einfällt. Mein Mann meint, man hätte zusätzlich die Geschichte einzelner Rettungswesten rekonstruieren können. Haben sie tatsächlich Menschenleben gerettet oder war ihr Einsatz erfolglos? Vor einer Schwimmweste zu stehen, von der man weiß, dass ihr Benützer umgekommen ist, ist für viele Besucher bestimmt eine prägende emotionale Erfahrung. Die meisten Wohlstandsbürger haben ja verlernt, mit dem Phänomen Tod umzugehen. Andererseits sind die Besucherrekorde ohnehin nicht mehr zu toppen.

Nächste Woche wollen wir zu einem Konzert in der Brandruine eines Asylbewerberheimes. Original Flüchtlinge sollen dort auf original Instrumenten aus ihren Herkunftsländern musizieren. Noch ist freilich nicht sicher, dass sich das Konzept realisieren lässt, weil es offenbar Schwierigkeiten macht, die Instrumente aus den Krisengebieten herbeizuschaffen. Wir hoffen, dass man im Notfall auf das Angebot einiger Sponsoren zurückgreifen wird, die bereit wären, ein paar Stradivaris leihweise zur Verfügung zu stellen. Unserer Meinung nach läge in der Diskrepanz zwischen kostbaren Geigen und devastiertem Schauplatz sogar ein ganz besonderer Reiz.

Die Challenge, in interessanten Zeiten zu leben, muss man annehmen.

Zuverlässig versuchen wir, bei jeder Veranstaltung dabei zu sein, die das Elend in der Welt als künstlerische Herausforderung betrachtet und in aufsehenerregender Weise thematisiert. Aufsehen zu erregen, ist in unserer Eventkultur ja nicht so einfach. Umso mehr Applaus gebührt denjenigen, denen es gelingt. Leider werden originellen Veranstaltungen immer wieder Steine in den Weg gelegt. Und apropos Steine: Wir bedauern es zum Beispiel sehr, dass die geplante Steinigung einer Ehebrecherin im Rahmen des Nordsee-Festspielsommers nicht zustande kam. Ich meine, wie könnte man dieses brisante Thema besser ins öffentliche Bewusstsein rücken als durch eine solche Inszenierung? Natürlich wäre die Frau dabei nicht zu Tode gekommen, vorgesehen war eine sorgfältig choreografierte Performance von hoher tänzerischer Qualität, die auf die unleugbar vorhandene ästhetische Dimension grausamer Rituale referieren hätte sollen. Aber das ambitionierte Projekt scheiterte an der Engstirnigkeit deutscher Bürokraten, die es glatt verboten haben.

Nicht gescheitert ist zum Glück die Zwangsverheiratung einiger achtjähriger Mädchen beim Festival of Regions in einem Ferienclub in Agadir. Wir waren zuerst skeptisch wegen der Location, haben dann aber festgestellt, dass sie als ironisches Zitat geradezu unverzichtbar war, um die Doppelmoral der heutigen Gesellschaft zu entlarven. Die schauspielerische Leistung der kleinen Mädchen war sensationell, sie weinten derart herzzerreißend, dass man meinen hätte können, das Spektakel wäre echt.

Mittlerweile habe ich ebenfalls künstlerische Ambitionen entwickelt. Mein Mann sagt, ich werde es schwer haben, weil mein Familienhintergrund so farblos ist, zumindest tadschikische oder hawaiianische Wurzeln sollte ich vorweisen können, wenn ich glaubwürdig in der kosmopolitischen Kunstschickeria reüssieren will, aber ich denke mir, ich sollte meinem inneren Auftrag trotz meiner Mühlviertler Großmutter folgen.

Was mir vorschwebt, ist eine Kette aus beschädigten Schlauchbooten quer über den Neusiedler See, von Rust bis Podersdorf, um das Schlepperunwesen zu geißeln. Natürlich rechne ich nicht damit, dass die Schlepper ihr Unwesen deswegen schlagartig einstellen, aber darum geht es auch gar nicht, sondern um Bewusstseinsarbeit, die ich damit leisten will. Endlich werden die Menschen anfangen, über das Schlepperunwesen nachzudenken! Das Modern Art zeigt sich leider an Fotos von der Installation nicht interessiert, aber ich bin überzeugt, eines der Guggenheims wird zugreifen.

Es ist nicht leicht, in interessanten Zeiten zu leben, aber wenn man die Challenge annimmt, dann ist das enorm befriedigend.

Dad und Donald

November
14
2016

Muss ich grantige Männer verstehen, die der Indianerjagd nachtrauern?

A Basket Of Deplorable nannte Hillary Clinton einen größeren Teil der Trump-Wähler bei einer Wahlveranstaltung. Einen Haufen Bedauernswerter, und er bestehe aus Rassisten, Sexisten und Homophoben. Dafür musste sie sich umgehend entschuldigen. Aber, jetzt ehrlich: Was war so falsch daran?

Ja, diese Frage ist unhöflich. Und wir wollen uns nicht an Donald Trumps Umgangsformen orientieren, obwohl die ja *so* erfrischend ankamen, dass er zum Präsidenten gewählt wurde. Trotzdem: kein Vorbild. Aber müssen wir uns deswegen so viele Blätter vor den Mund nehmen, dass wir daran zu ersticken drohen?

Ich habe es satt. Ich habe es satt, ständig Verständnis aufbringen zu sollen. Verständnis für weiße, alte Männer, die grantig sind, weil sie nicht wie in der guten alten Zeit Indianer über den Haufen schießen, Schwarze versklaven und ihre Weiber verprügeln dürfen. Verständnis für Verlierer, die vor allem den Verlust einer durch nichts begründeten Vormachtstellung betrauern, es sei denn, man hält eine helle Hautfarbe und männliche Genitalien für ausreichende Rangabzeichen. Ich habe kein Verständnis für die Sehnsucht nach einer Zeit, in der Daddy der große Ernährer war und Mom glücklich beim Putzen und Cookies-Backen im Vororte-Eigenheim, weil es diese Zeit so nicht gegeben hat – weder hat Daddy stets ausreichend verdient, noch war Mom ein glücklicher Putzteufel. Und ich habe kein Verständnis für Frauen, die sexistischen Machos um den Bart gehen, weil sie glauben, ihre

Verachtung für andere Frauen bewahre sie vor der Frauenverachtung der sexistischen Machos.

Ich habe viel Verständnis für alle, die unter der Ungerechtigkeit der Verhältnisse leiden, aber kein Verständnis für diejenigen, die daran nur stört, dass es eine Ungerechtigkeit zu ihren Ungunsten ist. Und, bei allem Verständnis und Mitgefühl für die Zukurzgekommenen und Absturzgefährdeten, macht es mich böse und ungeduldig, dass sie ausgerechnet denen auf den Leim gehen, die ihre Lage verschlechtern werden. Warum kapieren sie nicht, dass viele der von ihnen beklagten Versäumnisse nicht Obama vorzuwerfen sind, sondern dem Widerstand der Republikaner – jener Partei, die sie gerade mit einer satten Mehrheit in Senat und Kongress ausgestattet haben? Ist es zu viel verlangt, dass WählerInnen sich ein wenig informieren sollen, statt vor dem Führungsanspruch eines halbseidenen TV-Promis auf dem Bauch zu liegen?

Das Feuilleton gefällt sich jetzt darin, vor Arroganz den Trumpianern gegenüber zu warnen. *Wunsch nach Wandel, Bruch mit dem Establishment, Wut der Modernisierungsverlierer, Angst um die kulturelle Identität* – all das stecke hinter dem Wahlergebnis, und man müsse es begreifen, ja respektieren.

Muss man? Man könnte auch sagen: Wandel per se ist kein Wandel zum Besseren, unter der Establishment-Vertreterin Clinton wären die Modernisierungsverlierer wenigstens krankenversichert, und um welche kulturelle Identität die Reality-Soap-Glotzer insgeheim bangen, ist nicht erkennbar. Man könnte auch sagen: Der Wahlsieg Trumps ist der Sieg eines Schulhofrüpels, den andere (Möchtegern-)Schulhofrüpel wählen, in der Hoffnung, dass unter ihm Faustrecht und Willkür angesagt sind.

Und man muss sagen: Clintons Niederlage zeugt letztlich von tiefer Frauenverachtung. Clinton wurden Intelligenz,

Kompetenz und Zielstrebigkeit als Kälte, Streberei und übertriebener Ehrgeiz ausgelegt. Und noch ein Phänomen fiel auf: die Konsequenz, mit der ihr die Medien Trumps Entgleisungen ebenfalls in die Schuhe schoben. *Der schmutzigste Wahlkampf aller Zeiten. Schlammschlacht. Tiefer geht es nicht. So tief wie nie zuvor. Ungeheuerliche Beschimpfungen.*

Es las und hörte sich an, als würden zwei widerliche Dreckschleudern einander nichts schuldig bleiben. Doch Trump allein beschimpfte, beleidigte, unterstellte, log und schleuderte Dreck. Clinton war maßvoll und sachlich. Ein einziges Mal passierte ihr der – vergleichsweise harmlose – *Basket of Deplorable*. Trotzdem galt sie als mitschuldig an der *Schlammschlacht*. Warum? Weil es schon *schmutzig* ist, wenn sich die Klassensprecherin dem Schulhofrüpel in den Weg stellt?

Die Beharrlichkeit, mit der Clinton und Trump medial in einen Topf geworfen wurden – *gleich unsympathisch, gleich aggressiv, gleichermaßen schuld am vergifteten Klima* –, hatte Methode, und sie half mit, Clinton systematisch abzuwerten. Schon bald war sie eins von zwei gleich großen Übeln. Aus einer keineswegs fehlerlosen, aber hochintelligenten und kompetenten Kandidatin mit vernünftigen politischen Zielen auf der einen und einem rassistischen, sexistischen Lügenbold auf der anderen Seite wurde in der öffentlichen Meinung das Gespann *Pest und Cholera*. Wenn da nicht eine massive, tief verwurzelte Frauenverachtung mitspielt, was dann? Jetzt ist ein, so Michael Moore, „Vollzeitsoziopath" Präsident der USA. Das wird Mom noch bedauern. Und Dad auch.

Die Überflüssigen

Januar
23
2017

Berufswunsch Promi. Oder: Auch Ausbildung schützt nicht vor Jobverlust.

Sagt die Großmutter zum kleinen Mädchen: Iss deinen Spinat, damit du groß und stark wirst.

Antwortet das kleine Mädchen: Ich will nicht groß und stark werden, sondern ein magersüchtiges Supermodel.

Ja, schlechter Witz, weil die moderne Oma eh weiß, dass *groß und stark* keine Qualifikationen sind, mit denen man heutzutage punktet. Groß und stark, das war einmal notwendig, als man sich seinen Lebensunterhalt mit körperlicher Arbeit verdienen musste. Jetzt zählen andere Skills.

Und zwar welche? Na, Wissen. Bildung. Ausbildung. Zumindest wird das ständig behauptet. Wieder ist eine neue Studie herausgekommen, von einem Harvard-Ökonomen, derzufolge nicht die Globalisierung schuld ist am immer größeren Wohlstandsgefälle in den Industrieländern. Was stattdessen der Grund dafür ist, lässt die Studie offen, aber Kommentatoren tippen einmal mehr auf die fortschreitende Automatisierung, die den Ungebildeten die Jobs wegnimmt.

Stimmt. Tut sie. Aber leider nimmt sie sie auch den (Aus-)Gebildeten weg. Gleich nach einem einschlägigen Kommentar zur Harvard-Studie und nach einem Interview mit einer Jungunternehmerin, die ebenfalls in die Kerbe *Für-Analphabeten-habe-ich-keinen-Arbeitsplatz* schlägt, lese ich einen Bericht über die Eröffnung eines Vier-Sterne-Hotels in Wien, in dem es keine Rezeption und demzufolge auch kein Rezeptionspersonal mehr gibt. Der Gast bucht online, zahlt online und bekommt als Zimmerschlüssel einen Zugangscode auf sein Smartphone. Basta.

Was das für diejenigen bedeutet, die auf eine solide Ausbildung im Hotelgewerbe gesetzt haben, im Glauben, damit hätten sie einen halbwegs sicheren Arbeitsplatz, ist schnell gesagt: Die haben sich halt geschnitten.

Sie werden wegrationalisiert wie viele andere durchaus qualifizierte Arbeitskräfte: Bankangestellte, VerkäuferInnen, Reisebürokaufleute, Schalterpersonal auf Flughäfen – kurzum, Fachkräfte aller Art, für deren Fachkenntnisse das Unternehmen nicht mehr zahlen will.

Ausbildung schützt also keineswegs vor Jobverlust. Das sollte man einmal aussprechen, statt Personaleinsparungen stets nur mit mangelnder Qualifikation des eingesparten Personals zu begründen. Personaleinsparungen dienen der unternehmerischen Gewinnsteigerung, und die steigenden Gewinne, von denen immer weniger an Arbeitskräfte abgegeben werden muss, lassen die Schere zwischen Arm und Reich weiter aufgehen. So schaut's aus.

Die Forderung, ArbeitnehmerInnen müssten sich halt auf lebenslanges (Um-)Lernen einstellen, ist so lange eine billige Ausrede, wie es weder zuverlässige längerfristige Arbeitsmarktprognosen noch die ernsthafte Absicht gibt, nicht auch das umgeschulte Personal im Handumdrehen einzusparen, wenn es der Profitmaximierung dient.

Daneben existiert freilich auch das Problem der Ungebildeten. Erschreckend viele SchulabgängerInnen können, heißt es, nicht rechnen, schreiben oder sinnerfassend lesen. Waren frühere Generationen lerneifriger, wissbegieriger?

Zu meiner Schulzeit haben wir jedenfalls noch geglaubt, dass Bildung uns weiterhilft im Leben. Ein A-Posten im öffentlichen Dienst erschien uns zwar nicht sonderlich sexy, aber sicher war: Matura und Studium verschaffen gesellschaftliches Ansehen und bessere Bezahlung. Heute könnten Teenager den Eindruck gewinnen, dass es genügt, ein Foto seiner Genitalien ins Internet zu stellen, um was herzumachen, ja, berühmt zu werden.

Wir haben seinerzeit auch von (Star-)Ruhm geträumt, aber in unserer Vorstellung war er an besondere Leistungen geknüpft. Mittlerweile haben die Superstars, Supertalente, Topmodels was Inflationäres, sie punkten vor allem mit hysterischem Exhibitionismus. Wie sollen Jugendliche dabei auf die Idee kommen, dass gescheit zu sein was Erstrebenswertes wäre?

Die Berufswünsche vieler Teenager schauen dementsprechend aus, sie halten *Promi* für eine Profession und die Absicht aufzufallen für das nötige Rüstzeug.

Ist ja auch nicht leicht, handfeste Berufswünsche zu entwickeln in einer Gesellschaft, die sich von handfesten Berufsbildern immer mehr verabschiedet.

(Auffallend übrigens die wachsende Zahl an Coaches, BeraterInnen und persönlichen Trainern unter den Freiberuflern. Eine merkwürdige Entwicklung: Zwar sind wir ganz auf uns selber gestellt, wenn es um alltägliche Dienstleistungen geht, niemand hilft uns mehr beim Einchecken oder so, aber gegen Honorar können wir lernen, wie wir Veränderungen annehmen und unsere mentalen Ressourcen mobilisieren beim Kampf mit dem Check-in-Automaten. Wenn das kein Trost ist.)

Wissen ist Macht, hat es früher einmal geheißen, deswegen sollten Kinder ihren Spinat auch nur essen, um groß und stark, nicht jedoch, um klug zu werden, denn allzu viele wissende Untertanen wären den Machthabern nicht recht gewesen. Und heute? Heute ist Google allwissend. Das scheint den Teenies – und nicht nur ihnen – bequem. Aber wie ist das mit der Macht, an wen haben wir die abgegeben?

Geld ausgeben

Februar
6
2017

Wie Mimi sich weigert, die Wirtschaft in Schwung zu bringen. Oder: Die grünen Zweige sind besetzt.

Mimi spart. Das ist ganz schlecht! Du schädigst die Volkswirtschaft, Mimi, sagen wir, die EZB hält die Zinsen extra niedrig, damit du dein Geld ausgibst. Dein Erspartes wird täglich weniger wert, damit du dich endlich von ihm trennst. Nein, das ist keine Gemeinheit, das muss sein, damit solche wie du begreifen, wie wichtig es ist, die Wirtschaft in Schwung zu bringen. Du musst konsumieren, Mimi! Das ist ein Auftrag. Das Gemeinwohl liegt in deiner Hand.

Mimi sagt, die Botschaft hört sie gern, einerseits, denn sie hätte eigentlich eine natürliche Begabung zum Geldausgeben. Wenn es nur nach ihren Neigungen ginge, würde sie den Absatz von Luxusgütern bereitwillig heben.

Aber sie traut sich nicht. Ihr Sparkonto ist erschöpflich, da muss die EZB gar nicht groß nachhelfen, und was ist, wenn sie demnächst noch ein paar Zahnimplantate braucht? Nur so zum Beispiel. Schon beim ersten Eingriff hat ihr Zahnarzt zu ihr gesagt, ja, die Kosten sind beträchtlich, aber man kann ja wohl davon ausgehen, dass verantwortungsbewusste Menschen vorgesorgt haben für so einen Fall.

Noch einmal andersherum fragt sie sich freilich eh, wie sie das schaffen soll mit der Vorsorge, denn wer weiß, ob ihr Erspartes, wenn es tatsächlich munter vor sich hinschmilzt, demnächst überhaupt noch ausreicht für Implantate oder neue Fenster oder einen neuen Herd oder was halt so anfallen wird im Lauf der Zeit.

Siehst du, sagen wir, das ist der springende Punkt. Kauf

wenigstens alten Scotch, solange du noch alten Scotch kriegst für dein Geld, und vergiss deine Zähne, hab einfach ein bisschen Vertrauen in deinen Körper.

Mimi sagt, sie wird ihren Zahnarzt fragen, wie es mit Implantaten auf Vorrat ausschaut, wenn's das gibt, dann kauft sie sich welche.

Sei doch nicht so egozentrisch, sagen wir, Gemeinwohl vor persönlichen Interessen! Oder nein, es ist ja auch zu deinem Besten, wenn du die Wirtschaft ankurbelst. Bestell dir halt einen neuen Herd!

Jetzt brauche ich aber keinen, sagt Mimi eigensinnig. Wenn ich jetzt einen kaufe, dann ist mein Erspartes weg, und ich kann mir keinen mehr leisten, wenn der neue kaputt wird. Auch ein neuer Herd hält nicht ewig.

Du lebst ja auch nicht ewig, werfen wir ein.

Ja, aber vielleicht doch länger als ein Herd?, fragt Mimi.

Sie ist wirklich ein schwieriger Fall. Immerzu ihre Bedürfnisse im Auge und desinteressiert am großen Ganzen. Beispielsweise hat sie sich eine kleine Eigentumswohnung gekauft, als sie noch halbwegs gut verdient hat. Dass die Grundsteuern, volkswirtschaftlich gesehen, viel zu niedrig sind, hat sie dabei nicht gestört. Im Gegenteil, das war für sie ein Anreiz. Die Betriebskosten kann ich mir auch im Alter noch leisten, hat sie damals gesagt. Bei Mieten weiß man nie, wie sehr die steigen.

Auf die Idee, dass auch die Grundsteuern steigen können, ist sie nicht gekommen. Schön dumm.

Tja, Mimi, sagen wir, das Leben ist ein Risiko. No risk, no fun.

Seit einiger Zeit ist Mimi übrigens arbeitslos. Beim AMS haben sie sie gleich darauf aufmerksam gemacht, dass sie keinen Anspruch auf Notstandshilfe hat. Wegen der Eigentumswohnung.

Ja, aber von der kann ich doch nicht abbeißen, hätte sie gesagt, sagt Mimi.

Darauf die AMS-Beraterin laut Mimi: Vermieten S' die Wohnung und ziehen S' zu Ihren Eltern!

Siehst du, Mimi, sagen wir, hättest du dein Geld für alten Scotch ausgegeben statt für eine Wohnung, wärst du unterstützungswürdig und könntest Mietbeihilfe beantragen.

Das sagen wir aber nur, um Mimi aufs Glatteis zu führen. Wenn sie uns zustimmt, dann outet sie sich als üble Person, die armen Teufeln unterstellt, bloß deswegen arme Teufel zu sein, weil sie ihr Geld verprasst haben, statt es vernünftig zu investieren.

Hey, ich behaupte doch nicht, dass Wohnungseigentum für alle erschwinglich ist!, sagt Mimi. Aber die Tatsache, dass mir zwei Zimmer in mittelguter Lage gehören, macht mich doch nicht zu einer Superreichen, die von den Zinsen ihres Vermögens leben kann.

Worauf will sie, Herrgott noch einmal, hinaus?

Darauf, dass ich das Gefühl habe, nie auf einen grünen Zweig zu kommen, heult Mimi.

Ja, und? Dein Gefühl ist völlig richtig, Mimi, sagen wir. Die grünen Zweige sind schon alle besetzt. Mimi schnieft. Um sie abzulenken, fragen wir sie, warum sie denn nicht ein bisschen verreist? Wie wär's mit Venedig?

Ich kann mir doch nicht einmal die Bahnfahrt leisten, entgegnet sie.

Typisch Mimi. Immer so negativ. Dabei gibt es oft so preiswerte Tickets.

Nicht für mich, sagt Mimi. Die preiswerten Tickets muss man online buchen.

Ja, und?

Mein Computer ist kaputt.

Na bitte, deine Chance für eine sinnvolle Investition! Kauf

dir einen neuen Computer! Und komm uns jetzt nicht mit deinen Zähnen!

Mimi kauft sich einen neuen Computer sowie ein Sparschiene-Ticket ins Gesäuse und retour. Anschließend geben ihr Herd und ihre Therme den Geist auf. Mimi will sich Geld von der Bank leihen, aber die Bank teilt ihr mit, dass sie leider nicht kreditwürdig ist. Das wundert uns nicht – so, wie sie ihr Geld bis zum vorletzten Cent beim Fenster hinausgeworfen hat.

Drahtseilakt

Februar
20
2017

Eva arbeitet Teilzeit. Adam beneidet sie.
Na ja, um ihre Altersrente eher nicht.

Adam und Eva haben beide studiert, danach haben sie beide einen Job bekommen und gut verdient, Adam allerdings etwas besser als Eva, denn wie das Leben so spielt, hat ihm sein Studienabschluss bald eine Leitungsposition beschert, Eva hingegen nicht. Das liegt nicht daran, dass er was Gescheiteres gelernt hat, nein, Adam hat wie Eva einen Abschluss in Betriebswirtschaft, aber aus nicht näher definierten Gründen war Eva offiziell nicht Abteilungsleiterin, obwohl sie de facto ihre Abteilung geleitet hat. Nach Evas Abgang wurde diese offenkundige Ungerechtigkeit auch prompt korrigiert, ihr Nachfolger bekommt jetzt ein Abteilungsleitergehalt. Eva wurde also gewissermaßen im Nachhinein rehabilitiert, was sich allerdings blöderweise nicht auf ihrem Konto niederschlägt.

Seit Adam und Eva Kinder haben, ist aber ohnehin alles ganz anders, denn Eva arbeitet jetzt Teilzeit. Das entspricht nicht ganz ihrem ursprünglichen Plan, der vorsah, dass sie ihre Karriere auch als Mutter fortsetzen würde, doch die Realität weicht eben manchmal von dem ab, was man sich in jugendlicher Ahnungslosigkeit so alles ausmalt. In der Theorie schien es ganz einfach: Adam und sie würden sich Haushalt und Kinderbetreuung gerecht teilen und ihre Berufstätigkeit gleichermaßen darauf abstimmen. Hat jedoch nicht funktioniert. Die Arbeitswelt ist auf Halbe-Halbe nicht eingerichtet. Bei mir heißt es *ganz oder gar nicht*, sagte Adam, der in seiner Firma gar nicht erst nach anderen Lösungen fragte, weil er wusste, dass es sie nicht geben würde. Und dann bezog er ja auch das höhere Gehalt. Es zu gefährden, wäre verrückt gewesen.

Also blieb die Zuständigkeit für die Kinder an Eva hängen. Adam tut, was er kann, doch im Zweifelsfall hat der Beruf für ihn Vorrang. Bei Eva verhält es sich umgekehrt. Keine gute Voraussetzung für einen Fulltimejob. Kinder werden öfter mal überraschend krank. Kindergärten bleiben am Wochenende und in den Ferien geschlossen. Kinder sehen nicht ein, dass die Mama am Abend über ihrem Laptop brütet. Kinder wünschen sich, dass man mit ihnen redet und bastelt und eislaufen geht. Dazu keine verfügbaren Großeltern in der Nähe! Deswegen habe sie das Handtuch geworfen, sagt Eva. Die ständige Hetzerei, der Dauerstress, die Angst, dass sowohl die Kinder als auch der Beruf zu kurz kämen, waren ihr zu viel. Teilzeitarbeit mit Familienpflichten zu vereinbaren, ist Herausforderung genug. Und schließlich, sagt Eva, wolle sie ja auch was von ihren Kindern haben. Sie möchte entspannt Zeit mit ihnen verbringen. Sie will ihre Entwicklungsschritte beobachten. Ihre Kinder sollen nicht das Gefühl haben, ein Problem oder eine Belastung für sie zu sein. Sie möchte mit den Kindern reden und basteln und eislaufen gehen. Möchte Adam das nicht? Oh ja, und wie, sagt Adam, und dass er Eva um ihre Work-Life-Balance beneidet. Davon träumt er, sagt er. Weniger Büro, mehr von den Kindern, das wäre toll, ist aber leider für ihn nicht drin.

Wir fragen ihn nicht, ob er das ernst meint, denn wir glauben es ihm. Aber wir fragen ihn: Beneidet er Eva auch um das Risiko, das sie eingeht, und um den Preis, den sie möglicherweise für ihre sogenannte Work-Life-Balance zahlt? Würde er zuschauen wollen, wie andere beruflich vorwärtskommen, während er auf der Stelle tritt? Würde er so wenig eigenes Geld auf dem Konto haben wollen wie Eva? Würde er es in

Kauf nehmen wollen, dass er im Scheidungsfall gerade mal mit ein bisschen Unterhalt für die Kinder rechnen könnte und ansonsten mit einem miesen Gehalt über die Runden kommen müsste? Würde er im Alter mit der Mindestpension dastehen wollen, falls Eva und er sich getrennt hätten? Darauf weiß Adam keine Antwort, außer die, dass er schließlich kein Mistkerl ist, aber die Welt ist voll von Männern, die auch keine Mistkerle sind und sich trotzdem scheiden lassen oder geschieden werden und nachher mit Unterhaltszahlungen geizen. Schon deswegen, weil es schwer ist, von einem Einkommen zwei Familien finanzieren zu sollen.

Erstaunlicherweise liegt Eva mit ihrer angeblichen Work-Life-Balance voll im Trend. Nahezu die Hälfte aller Frauen in Österreich arbeitet Teilzeit, und drei Viertel aller Teilzeitbeschäftigten sind Frauen. Das hat auch damit zu tun, dass auf dem Arbeitsmarkt aus Vollzeitstellen Teilzeitstellen werden, und damit, dass neugeschaffene Jobs häufig bloß Teilzeitjobs sind, aber sehr stark auch mit dem, was der jüngste Sozialbericht den „langen Atem tradierter Geschlechterrollen" nennt.[11] Nicht wenige Frauen reden sich die Teilzeitarbeit schön, und tatsächlich wäre eine ausgewogene Kombi von befriedigender Berufsarbeit mit ausreichend Familienzeit ja wirklich sehr erstrebenswert – für Frauen wie für Männer –, wenn man halbwegs gut davon leben könnte. Solange Teilzeitjobs aber ein hohes Armutsrisiko bedeuten, das vor allem Frauen zugemutet wird, sind sie kein freundliches Angebot, Work und Life schön auszubalancieren, sondern ein Drahtseilakt mit großer Absturzgefahr, bei dem Kosten für Vollzeitarbeitsplätze und Kosten für qualitätsvolle Hilfe bei der Kinderbetreuung zulasten von Arbeitnehmerinnen eingespart werden. Sorry, Eva.

---

11 Sozialbericht 2017, hg. vom Bundesministerium für Arbeit und Soziales

Zwölf Stunden

März 6 2017

Mimi redet von Arbeit auf Abruf. Wir reden von Flexibilisierung.

Jetzt regt sich Mimi doch tatsächlich über die geplanten *Zwölf-Stunden-Schichten auf Abruf* auf. So nennt sie es, wir sagen dazu *Flexibilisierung der Arbeitszeit.*

Was meint ihr damit?, fragt Mimi.

Damit meinen wir, sagen wir, dass die Arbeitszeit den Erfordernissen der modernen Wirtschaft angepasst werden muss.

Und das bedeutet?, fragt Mimi.

Das bedeutet, dass ein Unternehmen nicht gleich Überstunden zahlen soll, wenn die MitarbeiterInnen mal länger arbeiten, antworten wir.

Um wie viel länger?, fragt Mimi.

Wir verdrehen genervt die Augen. Das weißt du doch. Um bis zu zwölf Stunden.

Na bitte, sagt Mimi. Davon rede ich. Zwölf-Stunden-Schichten. Auf Abruf.

Sie ist hoffnungslos zurückgeblieben. Ein Jargon wie aus den Urzeiten der Arbeiterbewegung. Ballt verbal noch immer die Proletarierfaust. Peinlich.

Mimi, sagen wir, die Arbeitswelt hat sich geändert. Wir stehen nicht mehr an Fließbändern und tragen blaue Overalls.

Manche von uns schon, beharrt Mimi. Dann fügt sie schnell hinzu: Sagt nichts, ich weiß alles. Automatisierung, Digitalisierung, Wissensgesellschaft, kein Bedarf an ungelernten Arbeitskräften et cetera, et cetera.

Na bitte, sagen wir zufrieden.

Aber, fährt Mimi fort, wenn uns die Arbeit eh ausgeht, wozu dann Zwölf-Stunden-Schichten?

Weil mal mehr, mal weniger anfällt, rufen wir ungeduldig.

Darauf sie: Also, ich erinnere mich, wie wir uns das früher vorgestellt haben. Wir werden, haben wir geglaubt, dank der Automatisierung mit weniger Arbeitseinsatz mehr Gewinn erwirtschaften. Und vom erwirtschafteten Gewinn, haben wir geglaubt, können wir dann alle gut leben und haben mehr Freizeit.

Ach, Mimi, sagen wir, so einfach ist das doch nicht.

Na ja, sagt Mimi, es wäre einfacher, wenn der Gewinn halbwegs gerecht aufgeteilt würde.

Naives 1970er-Jahre-Sozialromantik-Geschwafel. Um sie auf den Boden der Realität zu holen, sagen wir: Du hast nicht richtig aufgepasst, Mimi. Dabei hat es die Frau Familienministerin so gut erklärt: Die Flexibilisierung ist ein wunderbares Angebot an die Familien. Eine Chance. Vater und Mutter können dadurch abwechselnd blockweise arbeiten und abwechselnd blockweise ihre Kinder betreuen.

Ich glaube, die Frau Familienministerin hat nicht richtig aufgepasst, widerspricht Mimi. Nie war die Rede davon, dass sich die Betriebe an Elternwünsche halten wollen. Die Beschäftigten sollen dann länger arbeiten, wenn es der Betrieb braucht, basta.

Du wirst es nicht glauben, Mimi, sagen wir, aber es gibt Leute, die tun das gern. Die engagieren sich für ihren Beruf. Die wollen gar nicht aufhören, nur weil es vier oder fünf ist.

Ich kenne das, sagt Mimi. Früher bin ich geradezu aufgegangen in meinem Beruf. Aber seit ich Kinder habe ...

Wir werden langsam ärgerlich. Immer dieselbe Ausrede! Die Kinder! Mein Gott. Müssen halt die Kindergärten ebenfalls flexibler werden!

Zwölf-Stunden-Schichten auch für die Kinder?, fragt Mimi.

Sie ist ein richtiger Quälgeist. Willst du die Kindergärten schlechtmachen?, fauchen wir.

Ich wundere mich nur, sagt Mimi. Immerzu seid ihr über die Ganztagsschulen hergezogen. Weil es angeblich der Kinderseele und dem Familienleben schadet, wenn Schulkinder ihre Aufgaben in der Schule machen. Und auf einmal sind zwölf Stunden im Kindergarten total okay?

Dann lass es halt, sagen wir gereizt. Arbeite nicht. Arbeite geringfügig. Arbeite Teilzeit. Es gibt viele Möglichkeiten.

Nicht so viele, von denen ich leben könnte, sagt Mimi eigensinnig.

Sie ist immer so negativ. Schrecklich. Das fängt schon mit ihrer Ausdrucksweise an. *Arbeit auf Abruf!* Wahrscheinlich sagt sie auch noch *Kündigung* statt *Freisetzung* und *Verluste* statt *Gewinnwarnung* und *mieser Charakter* statt *alternativmoralisch geprägte Persönlichkeit.*

Mimi! Schluss!, rufen wir streng. Hör auf, uns anzuöden! Es ist alles eine Frage der Organisation. Das weiß man. Was man will, das schafft man.

Okay, sagt Mimi. Organisation. Planung. Wie soll ich planen können, wenn ich der Firma bei Bedarf jederzeit zwölf Stunden zur Verfügung stehen muss?

Ganz einfach. Du suchst dir eine Kinderbetreuung, die auch jederzeit auf Abruf zur Verfügung steht.

Wo gibt's denn das?

Das musst du herausfinden. Mehr Eigeninitiative, bitte!

Mimi schaut verbittert. Wir wollen sie aufmuntern. Schau, Mimi, sagen wir, du bist doch eh darauf trainiert, flexibel zu sein. Wenn eines deiner Kinder krank ist, musst du ja auch immer eine Lösung finden.

Genau, sagt Mimi. Das ist schwierig genug. Ich brauche nicht noch mehr Herausforderungen.

Und deswegen wird Mimi nie Karriere machen, denken

wir uns, weil sie Herausforderungen scheut. Aber laut sagen wir nur: Du siehst das alles falsch. Du glaubst, es geht um eine Verlängerung der Arbeitszeit, dabei soll sie nur flexibler verteilt werden. Hat der Wirtschaftsbund extra gesagt. Wenn du gerade nicht gebraucht wirst, hast du eh frei.

Um fünf Uhr früh?, fragt Mimi spöttisch.

Was stellt sie sich vor? Dass Großaufträge bis sechs warten können?

Haarig

April
28
2017

Berufswarnung. Und warum sie leider notwendig ist.

Warum sollen Mädchen nicht Friseurinnen werden wollen?, fragte Kollegin Rosemarie Schwaiger sinngemäß in profil 17/2017. Und sie kritisierte die Frauenpolitik, die versuche, aus jungen Frauen justament Gabelstaplerfahrerinnen zu machen, obwohl die sich mehr fürs Haarefärben interessierten. Fazit der Geschichte: Der Beruf der Friseurin sei besser als sein Ruf, er eröffne viele Möglichkeiten (vom eigenen Geschäft bis zur Arbeit fürs Fernsehen) und werde auch gar nicht so schlecht bezahlt, vor allem, wenn man die Trinkgelder mitberechne.

Ich stimme der Kritik insofern zu, als ich schon seit vielen Jahren schreibe, dass es nicht darum gehe, mehr Mädchen in sogenannte Männerberufe zu drängen, sondern die sogenannten Frauenberufe aufzuwerten. Wer sagt, dass sich Frauen gefälligst für Technik interessieren sollen, wenn sie was verdienen wollen, stimmt einem fragwürdigen Ranking zu, demzufolge technisches Know-how für eine Gesellschaft wertvoll, soziale Kompetenz (unter die in einem weiteren Sinn auch die Körperpflege fällt) hingegen vernachlässigbar ist. Dass sogenannte weibliche Interessen und Fertigkeiten geringer zu bewerten seien als sogenannte männliche, ist nicht einzusehen. Es wäre die Aufgabe der Politik, für eine generelle Neubewertung von Arbeit einzutreten.

Nebenbei ist es freilich durchaus sinnvoll, Mädchen – und Burschen – zum Überdenken ihrer Berufswünsche zu ermuntern. Denn viele trauen sich noch immer nicht, eine unkonventionelle Ausbildung anzugehen, und auch Eltern müssen oft mühsam überzeugt werden, dass es nichts Anrüchiges ist, wenn die Tochter Mechanikerin und der Sohn Kindergartenpädagoge werden will.

Brauchen tun wir die einen wie die anderen, weshalb es wiederum nicht nötig sein sollte, Töchtern die sogenannten Frauenberufe auszureden. Trotzdem sind die Warnungen davor leider berechtigt.

Zum einen ist da die Bezahlung. Gelernte Friseurinnen verdienen zwischen 1325 und 1700 Euro, war in profil zu lesen, ausgebildete Kfz-Mechaniker 1960 bis 2180 Euro. Das heißt, der Kfz-Mechaniker kriegt jeden Monat 480 bis 635 Euro mehr aufs Konto als die Friseurin. Vielleicht kein großer Unterschied für Nationalbankpensionisten, für die Friseurin hingegen schon. 600 Euro sind eine Monatsmiete. Oder eine Urlaubsreise. Oder zwei Drittel der Mindestrente von der Oma der Friseurin.

Aber das Trinkgeld? Kriegt auch der Automechaniker. Davon abgesehen ist es eine unsichere Einnahme, mit der man nicht kalkulieren kann.

Also: Im klassischen Frauenberuf gibt's offensichtlich weniger Geld. (Was einmal mehr zeigt, dass die Einkommensschere nicht ausreichend mit der höheren Teilzeitquote von Frauen erklärt werden kann.)

Zum anderen sind da die Arbeitszeiten. Schwaiger erzählt vom Inhaber einer Friseurkette, der dringend offene Stellen in seinen Geschäften besetzen wollte und fast nur auf Interessentinnen traf, die samstags – oder sogar schon am Freitag – frei haben wollten. Aus der Sicht des Unternehmers ärgerlich. Wieso wird eine Friseurin, wenn sie dann nur mit Einschränkungen als solche zur Verfügung stehen möchte?

Hm. Vielleicht, weil sie in einem klassischen Frauenberuf Verständnis für traditionelles Rollenverhalten erwartet hat, demzufolge das Wochenende einer Frau ihrer Familie (oder ihrem Freund) gehört?

Nein, keine falschen Vermutungen – wir müssen Töchtern die Friseurlehre nicht ausreden, weil Samstagsarbeit unzumutbar ist. Aber wir müssen sie darauf hinweisen, dass in diesem klassischen Frauenberuf ihre klassischen Wochenendpläne nicht zählen. Wie auch nicht im klassischen Frauenberuf der Verkäuferin.

Unorthodoxe Arbeitszeiten kommen in vielen Branchen vor, und man nimmt sie bereitwillig in Kauf, wenn man seiner Arbeit mit Leidenschaft nachgeht (wie beispielsweise WissenschafterInnen oder Kunstschaffende), wenn man ihre Dringlichkeit einsieht oder wenn sie gut bezahlt sind. Ich kann mir jedoch vorstellen, dass man zwar Kundinnen gerne die Haare schneidet, von der Dringlichkeit dieser Aufgabe an einem Samstag aber nicht restlos überzeugt ist.

Frauen werden halt Friseurin oder Verkäuferin, weil man ihnen eingeredet hat, dass diese Berufe zu ihnen passen, dass sie familienkompatibel sind und dass die bescheidene Bezahlung keine Rolle spielt, weil sie ja auf lange Sicht eh nur dazuverdienen müssen.

All das sollten wir ihnen ausreden. Weil's nicht stimmt. Nicht, um sie zwangsweise an Werkbänke zu setzen, obwohl sie sich für Werkbänke nicht zu begeistern vermögen, sondern damit sie sich bewusst und informiert entscheiden können. Wenn sie dann immer noch Friseurin werden und es als solche weiter bringen wollen (zum eigenen Geschäft oder zum Fernsehen): na gut. Und viel Glück.

Komplizin

Mai
15
2017

Was denkt sich die Frau des Machthabers, wenn sie ihm zuschaut beim Machthaben?

Was denkt sich eigentlich die Frau des Machthabers, wenn sie ihm zuschaut beim Machthaben? Was denkt sie sich, wenn sie hinter ihm steht mit dem frommen Gesichtsausdruck unter dem fromm verhüllten Haar, starr und stumm, und ihm zuhört, wie er große Töne spuckt? Ist sie stolz auf ihn, weil er so ein großer Große-Töne-Spucker ist? Ist sie stolz auf sich, weil sie hinter ihm stehen darf und am Ende sogar mit ihm heimgehen und sein Bett teilen? Teilt sie mit ihm sein Bett? Teilt sie seine Gedanken? Klingen seine großen Töne gut in ihren Ohren? Ist ihr egal, wie er klingt, solange sie nur hinter ihm, erhöht, auf der Tribüne, stehen darf, unter sich die Masse, der sie zugewinkt hat, huldvoll und gleichzeitig unterwürfig, im Kielwasser seines in die Luft gereckten Arms?

Darf sie eigene Gedanken haben? Erlaubt sie sich eigene Gedanken? Würde sie sich gerne das Recht herausnehmen, eigenständig zu denken? Was würde sie denken, wenn sie eigenständig denken würde? Kann man hinter einem Machthaber stehen, ihm beim Machthaben zuschauen, ihm beipflichten zum Machthaben und mit ihm sein Bett teilen, ohne seine Ansichten zu teilen?

Frau kann neben machtlosen Männern sitzen und ihnen zuhören beim Große-Töne-Spucken, ohne das, was sie hervorspucken, gutzuheißen, und trotzdem das Bett mit ihnen teilen (wenigstens gelegentlich), weil die großen Töne, die machtlose Männer spucken, keinen großen Schaden anrichten. Frau kann mit machtlosen Große-Töne-Spuckern streiten und ihnen danach verzeihen oder sie in die Wüste schicken.

Wenn die Frau des machtlosen Große-Töne-Spuckers ihm verzeiht, dann deshalb, weil sie sich nicht mit ihm identifizieren muss. Er ist halt manchmal ein Trottel, sagt sie sich vielleicht, aber oft ein netter Kerl, und ich bin nicht wie er, das weiß ich, das weiß er, das wissen alle, möglicherweise ändert er sich noch.

Der Machthaber ist kein netter Kerl. Seine Frau könnte ihn nicht in die Wüste schicken. Dass sie nur deshalb hinter ihm ausharrt, starr, stumm, huldvoll, erhöht, überhöht, weil sie selber nicht in die Wüste geschickt werden möchte, ist jedoch vermutlich auszuschließen. Denn dass die Frau des Machthabers insgeheim leidet, ist eine romantische Vermutung, nicht mehr. Dass er sich ändert, kann sie nicht annehmen. Dass sie sich wünscht, er würde sich ändern, ist unwahrscheinlich. Die Frau des Machthabers muss sich mit dem Machthaber identifizieren, nur dann kann sie an seiner Macht teilhaben. Wenn er für die Todesstrafe ist, dann kann sie nicht dagegen sein. Wäre sie in Versuchung, gegen die Todesstrafe zu sein, müsste sie ihn verabscheuen. Sie wird sich nicht in Versuchung führen, ihn zu verabscheuen. Was sie ist, ist sie durch ihn. Was sie hat, verdankt sie ihm.

Die Frauen der Machthaber haben ein gutes Leben. Sie werden mit Ehrerbietung behandelt. Sie wohnen in imperialer Pracht. Sie müssen nicht arbeiten. Sie können maßlos konsumieren und tun es auch. Was andere mit vielen Jahren Schufterei nicht verdienen, vershoppen sie an einem Nachmittag. Hätten sie eine andere Vorstellung von einem guten Leben, dann würden sie was anderes tun als einzukaufen bis zum Umfallen.

Was denkt die Frau des Machthabers über die jungen Frauen, die durch die Straßen ziehen mit wehendem Haar und wehenden Fahnen, auf denen Parolen gegen den Machthaber stehen? Sind sie ihr unverständlich? Sieht sie sie als irregeleitet an? Als widernatürlich, wie ihr Mann? Ihre eigene Tochter protestiert nicht, sie verkündet, ganz im Gegenteil, bei internationalen Konferenzen die Meinung des Vaters und Machthabers: Söhne müssten mehr erben als Töchter, schließlich hätten Männer Familien zu ernähren. Ist sie stolz auf diese dressierte Tochter? Oder denkt sie manchmal, auch die jungen Frauen auf der Straße könnten ihre Töchter sein und Schutz verdienen vor machthaberischen Vätern, Brüdern und Männern, denen die von ihrem Mann propagierte Ordnung ein Gewaltmonopol einräumt?

Und was denkt sich eigentlich die Frau vom drohgebärdengeschüttelten Großkotz, wenn sie neben ihm steht und ihn beim Drohgebärdenausstoß beobachtet, was denkt sie, aufgebrezelt und aufgezäumt, in Kleidern zum Luftanhalten, auf quälend hohen Absätzen, mit sorgfältig geföhnter Mähne und eingefrorenem Lächeln? Sieht sie den Großkotz als überheblichen Popanz oder als respekteinflößende Anführernatur? Bewundert sie ihn oder fürchtet sie ihn? Was war der Deal zwischen ihr und ihm? Ist ihre Rechnung aufgegangen? Möchte sie, dass ihr Sohn dem Großkotz nachgerät?

Was denkt sie über die Frauen, die durch die Straßen ziehen, protestierend und voll Wut, aber auch lachend, in Kleidern zum Luftholen, auf eigenen Füßen?

Liest sie Zeitung? Ist ihr egal, was sie über den Großkotz liest, falls sie liest? Hat sie Angst, dass er auf den Atomknopf drückt? Glaubt sie, es geht sie nichts an, dass ihm das zuzutrauen ist?

Naive Idee: Den Frauen der Machthaber wird bewusst, dass sie nicht bloß pflichterfüllende Gattin, sondern Komplizin sind. Ja, leider unrealistisch.

Jetzt solidarisiert euch doch

Mai
29
2017

Warum Toleranzappelle oft so arrogant rüberkommen.

Die erste Aufregung hat sich gelegt. Können wir jetzt in Ruhe noch einmal darüber reden? (Haben wir denn keine andere Sorgen? Doch, haben wir. Andere und diese.)

Also: Nehmen wir an, eine Gruppe von Frauen geht nur mit Kleidern aus dem Haus, die mit auffälliger Aufschrift verkünden: Ich bin eine Frau. Ich weiß, wo mein Platz ist.

Muss ich diesen Slogan gutheißen? Nein.

Darf ich mich darüber ärgern? Ja.

Darf ich diesem Ärger Ausdruck verleihen, indem ich solche Frauen anstänkere? Nein.

Muss ich solche Frauen verteidigen, wenn sie von anderen angestänkert werden? Ja. Weil sie das Recht haben, ihre Meinung zu äußern.

Muss ich mich mit ihnen solidarisieren, indem ich die gleiche Kleidung trage wie sie? Nein. Denn ich muss ihre Meinung nicht übernehmen und mich nicht dazu bekennen.

Muss ich dafür sein, dass Lehrerinnen oder Richterinnen ihrem Beruf in diesem Kleidungsstück nachgehen? Nein. Ich möchte nicht von einer Richterin beurteilt werden, die mir signalisiert, dass sie es – entgegen unserem Gleichstellungsgrundsatz – gutheißt, wenn Frauen nicht dieselben Plätze offenstehen wie Männern. Und ich möchte nicht, dass Lehrerinnen unseren Schulkindern diese Botschaft auf den Weg mitgeben.

Ist es eine Phobie, also eine krankhafte Furcht vor einer

anderen Religion, die mich ein solches Kleidungsstück, falls es aus religiöser Überzeugung getragen wird, ablehnen lässt? Nein. Die gesellschaftspolitischen Konsequenzen einer religiösen Überzeugung zurückzuweisen, ist nichts Pathologisches.

Ist es zulässig, den muslimischen Hijab oder andere Formen der Frauenverschleierung mit einem Kleidungsstück zu vergleichen, das verkündet, seine Trägerin wisse, wo ihr Platz in der Gesellschaft sei? Ja. Denn genau das tut die Verschleierung: Sie weist Frauen eine spezielle Rolle zu. Das Kopftuch ist ein gesellschaftspolitisches Statement. Und solange Frauen in anderen Teilen der Welt brutal misshandelt werden, wenn sie sich nicht verschleiern – also nicht hinnehmen wollen, dass sie der jeweiligen Gesellschaftsordnung zufolge Einschränkungen unterliegen, weil sie Frauen sind –, so lange ist der Schleier nicht bloß ein harmloses Stück Stoff.

Die marokkanisch-französische Autorin und Journalistin Zineb El Rhazoui, Kolumnistin bei Charlie Hebdo, bringt es auf diesen Punkt: „Ich betrachte den Hijab ab dem Tag als normales Kleidungsstück, ab dem keine Frau auf der Welt mehr eingesperrt wird, weil sie ihn nicht trägt."

Die Frauen hierzulande tragen, heißt es, den Schleier mehrheitlich aus freien Stücken. Das sei ihnen unbenommen. Dass wir es alle ganz toll finden sollen, wäre zu viel verlangt.

Und jetzt sind wir beim noch größeren Problem. Diejenigen, die am lautesten gegen die Verschleierung protestieren, haben mit Frauenrechten weniger am Hut als ein gestandener saudischer Scheich. Sie stänkern und pöbeln einerseits gegen Gleichstellungsbestrebungen, die sie *Gender-Wahnsinn* nennen, und andererseits gegen Migrantinnen, an denen sie nicht deren eventuelle frauenpolitische Positionierung stört, sondern nur, dass sie Migrantinnen sind. Sie schieben die

Frauenrechte vor, um ihre Fremdenfeindlichkeit auszuleben. Das ist schändlich, und gegen diesen Missbrauch müssen wir uns solidarisieren, aber nicht, indem wir unsererseits Frauenrechte relativieren.

Befremdliche Gebräuche zu tolerieren, fällt umso leichter, je weniger man persönlich von ihnen betroffen ist. Ein Mann sieht verschleierte Frauen aus der Warte dessen, dem nie zugemutet würde, sich auf gleiche Weise zu verhüllen. Frauen wissen, dass sie in der Gefahrenzone sind.

Der Sicherheitsabstand, der die Privilegierten von den Befürchtungen der zumindest potenziell Betroffenen trennt, erzürnt die Betroffenen. Das wird von den Nichtbetroffenen oft nicht verstanden – nicht nur dann, wenn es um die Kopftuchfrage geht.

In einem Kommentar[12], der dazu aufforderte, Kopftücher und sichtbare Moscheen als notwendige Repräsentation kultureller Vielfalt zu begreifen, war kürzlich zu lesen: Der Bau einer modernen Moschee habe einem öden Arbeiterviertel in Bad Vöslau architektonisch gutgetan.

Geht so Integration? Wir lagern die betenden MuslimInnen in Arbeiterviertel aus, die – wie für Arbeiterviertel üblich – öd sind, weswegen ihre BewohnerInnen froh sein können, wenn man sie mit einer Moschee architektonisch belebt? Mit einer solchen Haltung macht sich die urbane Schickeria in den Arbeitervierteln keine FreundInnen. Fatalerweise begreift sie die, sagen wir mal: gutwillige Naivität, mit der sie das Dulden veränderter Lebensräume an andere Bevölkerungsgruppen delegiert, nicht als Arroganz. Die Adressaten ihrer Toleranzappelle hingegen schon, für sie sind die Nichtbetroffenen schlicht unglaubwürdig.

---

12 Barbara Coudenhove-Kalergi: „Was auch gesagt werden muss", Der Standard, 4.5.2017

Ja, solidarisieren wir uns. Zum Beispiel mit denen, die nicht in öden Vierteln wohnen möchten, auch dann nicht, wenn ihnen Kirchenbauten hineingestellt werden, und mit Frauen, die Unterstützung brauchen, weil sie sich weigern, sich zu verschleiern.

Fauler Zahn

Juli
10
2017

Grenfell Tower: Symbol für eine Gesellschaft, in der Gier und Gleichgültigkeit dominieren

Der Brand im Londoner Grenfell Tower, bei dem mindestens 79 Menschen den Tod fanden, sollte als eindrückliche Warnung verstanden werden. Er zeigt, was passiert, wenn Gier und Gleichgültigkeit in einer Gesellschaft den Ton angeben.

Im Grenfell Tower wohnten Arme. Das Hochhaus, als sozialer Wohnbau in den 1970er-Jahren errichtet, stand jedoch in einer teuren Gegend, im Royal Borough of Kensington and Chelsea am westlichen Rand der Londoner Innenstadt. Dort steht der Kensington Palace, in dem bis zu ihrem Tod Prinzessin Diana residierte, dort liegen die wunderbaren Kensington Gardens, dort findet sich auch das berühmte Traditionskaufhaus Harrods. „Billionaires Row" wird ein Abschnitt der Straße Kensington Palace Gardens genannt, in dem der durchschnittliche Hauspreis bei 26 Millionen Euro liegen soll. Dementsprechend die Liste der Hauseigentümer: Öl- und Stahlmagnaten, ein Sultan aus Fernost, ein russischer Oligarch, ein berüchtigter Hedgefondsmanager. Aber auch etwas bescheidenere Unterkünfte, zum Beispiel die bezaubernden Mews in South Kensington, früher Stallungen, heute exklusive kleine Reihenhäuser an romantischen Gässchen, sind für Normalos alles andere als erschwinglich. Vier Millionen Pfund müssen zur Zeit als Kaufpreis-Untergrenze angesehen werden.

In einer derart noblen Umgebung nahm sich der 24-stöckige Grenfell Tower wohl wie ein fauler Zahn in einem Prachtgebiss aus, weshalb er außen behübscht wurde. Mit einer, wie sich herausstellte, kostengünstigen, aber leicht brennbaren Fassadenverkleidung. Davon abgesehen war die gemeinnützige Hausverwaltung KCTMO für Hinweise und Beschwerden nicht zugänglich. Die BewohnerInnen, die sich unter dem Namen *Grenfell Action Group* zu einer Selbsthilfegruppe zusammengeschlossen hatten, machten seit 2012 regelmäßig auf Missstände aufmerksam. 2013 veröffentlichten sie ein Gutachten, in dem signifikante Verstöße gegen die Brandschutzbestimmungen aufgelistet waren. Und im November 2016 schrieben sie in einem Blog, es werde wohl nur ein katastrophales Ereignis die Inkompetenz ihrer Vermieter aufdecken können, die ihnen gefährliche Lebensumstände unter Missachtung der Gesundheits- und Sicherheitsvorschriften zumuteten. Die angekündigte Katastrophe ist gekommen. Sie war in Kauf genommen worden, weil sich die Verantwortlichen anscheinend allenfalls für etwaige ästhetische Ansprüche der wohlhabenden UmwohnerInnen zuständig fühlten, nicht jedoch für das Leben der Menschen im Sozialbaukasten, der, außen hui und dahinter pfui, das ganze Elend einer brutalen Ellbogengesellschaft repräsentierte, die Raubritter aller Art hofiert und die Schwächeren oder die Skrupelhaften verächtlich als menschlichen Müll behandelt. Inzwischen weiß man, dass eine ganze Reihe weiterer Sozialbauten mit brandgefährlichen Fassaden mehr oder weniger betrachtungstauglich gemacht wurde.

London mag ein spezielles Pflaster sein, aber die Tendenz, kaltschnäuzige Egomanie für ein notwendiges Merkmal bewundernswerter Leistungsträger zu halten, zeichnet sich auch hierzulande ab (wo gutes Wohnen ebenfalls immer schwerer leistbar wird). Was meinen zum Beispiel die smarten Vertreter der konservativen Schickeria, wenn sie von Leistung reden und gegen Vermögens- und Erbschaftssteuern sind? Klar, vernünftige Freibeträge wären notwendig. Es geht nicht darum, bescheidenen Wohlstand wegzusteuern. Aber größere Immobilienerbschaften zum Beispiel, von deren Ertrag die Erben arbeitsfrei leben können – sind die eine Leistung, die der Fiskus schonen muss? Tatsächlich geht bis jetzt gerade der bescheidene Wohlstand drauf, wenn Menschen zum Pflegefall werden. Nun ist der Pflegeregress ab 1. Jänner 2018 zwar abgeschafft, die Finanzierung aus einer Erbschaftssteuer für Vermögen über einer Million Euro lehnt die ÖVP jedoch ab. Stattdessen soll ein Foto auf der e-card deren Missbrauch verhindern. Dass die daraus und aus verbilligten Medikamenteneinkäufen für Pflegeheime resultierenden Einsparungen nicht ausreichen werden zur Pflegefinanzierung, liegt auf der Hand. Am Ende wird wohl wieder einmal der hart arbeitende Mittelstand blechen müssen, dessen Entlastung doch auch der ÖVP angeblich ein Anliegen ist.

Diese Entlastung wäre durchaus notwendig. Denn der Mittelstand hält das Staatswerkel am Laufen, zumindest, was die Abgabenleistung betrifft. Von den Ärmsten ist kaum was zu holen, und von den Reichsten wird nichts geholt, deswegen werden die in der Mitte zur Kasse gebeten. Je mehr man sie belastet, desto mehr dünnen ihre Reihen allerdings aus.

Die Faulsäcke in der asozialen Hängematte, von denen die strengen Leistungseinforderer gern tadelnd reden, die gibt's zwar, aber oben wie unten. Nur dass sie oben als schnöselige Erben und It-Girls daherkommen und hübscher anzuschauen sind als die von unten.

Alle jedenfalls, die nassforsch davon ausgehen, dass es schwer in Ordnung ist, Vermögende nicht mit Sozialabgaben zu belästigen, sollten sich gründlich überlegen, welchen Risiken sie selber gewachsen wären. Sich mit den Reichen und Schönen identifizieren zu wollen, ist eines; draufzukommen, dass ein Bauchfleck vor ihnen weder reich noch schön machen muss, ein anderes.

Gerechtigkeit

Juli
24
2017

Wo Tauben zufliegen und wer die Einflugschneisen schafft.

Der Pflegeregress ist abgeschafft, und nicht alle sind damit zufrieden. Weil: Ist es denn gerecht, dass sich Wohlhabende auf Kosten der Allgemeinheit pflegen lassen?

Diese Frage kann man natürlich stellen. Man könnte auch fragen: Ist es gerecht, dass Wohlhabende auf Kosten der Allgemeinheit operiert und womöglich aufwendig therapiert werden? Dass Betuchten kostenlos öffentliche Schulen für ihre Kinder zur Verfügung stehen? Dass g'stopfte Alte mit einem ermäßigten Seniorenticket in der Straßenbahn fahren dürfen?

Staatsgebilde, in denen sowas nicht möglich ist, sind nicht nur denkbar, sondern anderswo auch Realität. Jeder seines Glücks, jede ihres Unglücks Schmied. Kein Geld für eine lebensrettende OP? Dann, leider: Pech gehabt. Umsonst ist nur der Tod. (Vorher vielleicht noch verzweifelte Geldbeschaffungsaktionen der lieben Angehörigen. Haben sie was zu verscherbeln? Können sie sich verschulden, prostituieren, betteln gehen?)

Oder, weniger dramatisch: Kein Geld für ein eigenes Auto? Tja, schade, denn öffentliche Verkehrsmittel gibt es nicht.

Solche Gesellschaften gehen davon aus, dass jeder Mensch ganz allein für sich verantwortlich ist, und dass Tüchtigkeit schon belohnt werden wird, während diejenigen, denen es schlecht geht, nur die gerechte Strafe für ihre Faulheit erleiden.

Auf diesen Standpunkt kann man sich natürlich stellen,

wir haben es hierzulande bis jetzt jedoch nicht getan. Wir setzen – noch – auf Solidarität. Risiken wie Krankheit, Invalidität oder Pflegebedürftigkeit sollen gemeinschaftlich getragen werden. Und es gibt öffentliche Einrichtungen, die allen kostenlos oder zu erschwinglichen Preisen zur Verfügung stehen.

Im Rahmen dieser Betrachtungsweise ist es nur logisch, wenn von Pflegebedürftigen nicht länger verlangt wird, dass sie sich bis aufs letzte Hemd ausziehen, um einen Anspruch auf Versorgung zu haben.

Bisher war es ja – wenig gerecht – so: Wer sein Gerschtl noch als Gesunder durchbrachte, konnte sich hinterher aufs Sozialsystem verlassen. Wer hingegen so dumm gewesen war, sich was erspart zu haben, wurde zur Kasse gebeten.

Das traf vor allem die kleinen Leute, die mit der bescheidenen Eigentumswohnung, dem Einfamilienhäuschen, dem Notgroschen auf dem Konto. Denen fraßen die Pflegekosten das fleißig Ersparte weg.

Zwischenfrage: Ja, müssen denn die Einfamilienhäuschen den Kindern erhalten bleiben? Nein, müssen sie nicht. Aber war es gerecht, dass sie den einen abgenommen wurden, während die anderen ein ungeschmälertes Erbe antreten durften, weil ihre Eltern glücklicherweise von jeglichem Siechtum verschont blieben?

Natürlich sollen die Betuchten einen Beitrag leisten. Aber eben nicht nur im Fall der persönlichen Betroffenheit, sondern auf jeden Fall, durch Einzahlungen in ein entsprechendes Solidarsystem. Zumindest entspricht das unserer bisherigen Auffassung.

Auch unsere öffentlichen Einrichtungen, unser Gesundheitssystem und unsere Altersversorgung basieren ja auf der Vorstellung, dass die Einzelnen je nach ihren Möglichkeiten dazu beitragen sollen.

In puncto Möglichkeiten herrschen allerdings große Auffassungsunterschiede. Sonderbarerweise billigen wir gerade den Reichsten eine Art Abgabenschwäche zu, die es zu berücksichtigen gilt, ein zartes Prinzessin-auf-der-Erbse-Naturell gewissermaßen, das geschont werden muss.

Deshalb (oder warum sonst?) profitieren sie nicht nur von null Vermögens- und Erbschaftssteuern, sondern zum Beispiel auch von einer äußerst moderaten Höchstbeitragsgrundlage bei der Krankenversicherung und können mit ihren bescheidenen Beiträgen die nicht berufstätige Gattin mitversichern lassen, während die alleinerziehende Verkäuferin, bingo, brav in die Krankenkasse löhnen muss. Das ist, meine ich, Brutalität.

Wem also Gerechtigkeit am Herzen liegt, der könnte beispielsweise einmal über die Berechtigung der Höchstbeitragsgrundlage nachdenken. Oder wenigstens darüber, ob sie nicht angehoben gehörte. Oder eben darüber, wer wem eher Solidarität schuldet: die BetragszahlerInnen der nicht berufstätigen Ehefrau des besonders gut verdienenden Mannes oder der gut verdienende Mann samt Frau den BeitragszahlerInnen.

Derzeit jedenfalls zahlt einer, der 10.000 Euro im Monat verdient, nicht mehr in die Krankenversicherung ein als jemand mit dem halben Gehalt. Nun sind 5.000 Euro zwar kein mitleiderregender Hungerlohn, aber unausgewogen ist das allemal und unverständlich ist es auch. Was enthebt den oder die mit dem höheren Einkommen von der Verpflichtung, entsprechend höhere Beiträge zu leisten?

Nein, das soll keine Neiddebatte werden. Höhere Gehälter sind nicht automatisch das unverdiente Produkt dubioser Machenschaften, und das Erwirtschaften eines gewissen Wohlstandes muss erlaubt sein. Aber warum wird das den eh schon Begünstigten leichter gemacht als den anderen?

Warum ist es einfacher, Reichtum zu vermehren, als mit einem kleinen Gehalt auf einen halbwegs grünen Zweig zu kommen? Wo Tauben sind, fliegen Tauben zu. Kann sein. Hat aber auch was mit den Einflugschneisen zu tun, die von staatlichen Rahmenbedingungen geschaffen werden.

Paradies adieu

August
7
2017

Unser Ferienort wurde yuppisiert.
Wir passen nicht mehr hin.

Jahrelang war mein Ferienparadies ein etwas heruntergekommenes kleines Schlösschen auf einer etwas heruntergekommenen kleinen Insel in einer istrischen Bucht. Das Gebäude herrschaftlich, die Räume eigenwillig in Appartements aufgeteilt und von eher schäbiger Ausstattung. Rundherum ein alter Park, stellenweise nachlässig, stellenweise gar nicht gepflegt, das Meer von fast jedem Punkt der Insel aus in ein paar Minuten erreichbar. Klares Wasser. Unter den hohen Bäumen Pfaue und Kaninchen. Vor dem schiachen Hotelkasten, in dem es Frühstück gab, eine Anlegestelle für die Fähre, mit der man in fünf Minuten in der wunderbaren Altstadt gegenüber war.

Dort komprimierte Geschichte. Überreste römischer Tempel, eine mittelalterliche Stadtmauer, enge Gässchen mit romanischen und gotischen Häusern, Palazzi aus der Zeit der venezianischen Herrschaft und der Regentschaft der Donaumonarchie. Das Pflaster spiegelglatt, durch Jahrhunderte hindurch poliert von darübereilenden oder -schlendernden Füßen. In der Basilika immer wieder großartige Klassik-Konzerte hochkarätiger Kammermusik-Ensembles. Ja, und Touristenmassen, Ramsch, Trubel, Kirtagstimmung, das auch. Na und, es war Sommer!

Wenn wir genug hatten vom Jahrmarktsrummel, flüchteten wir zurück auf die Insel. Die wurde nicht selten von einer Kakofonie unterschiedlicher Discosounds aus diversen Hotelburgen im Umland überflutet, das Paradies war nicht perfekt. Aber irgendwann kehrte Stille ein. Schläfrig schlugen die Wellen ans Ufer, und dann und wann hoppelte ein verwirrtes Kaninchen durch die Nacht.

Wenn die anderen gematschkert haben über zerschlissene Sofas, Gestrüpp an den Wegen und einen Service, den man wohlwollend gerade noch als lässig bezeichnen konnte, dann sagte ich: Seid froh, solange es so aussieht. Wenn es sich ändert, können wir es uns nicht mehr leisten.

Dass dieser Tag kommen würde, war klar. Und jetzt ist es passiert. Alles neu, alles anders.

Wir haben es uns angeschaut.

Was nicht alles Platz gefunden hat auf dem Inselchen! Zwei Hotels statt einem, dazu das Schlösschen (einheitlich billigbeige überhiaselt samt den ehemals grünen Fensterläden) und viele Bungalows, die Villas heißen und in speziellen VIP-Zonen liegen, wohin sich der gewöhnliche Besucher nicht verirren soll. (Deswegen stößt er allerorten an Tafeln, auf denen ihm gedankt wird, dass er die Privacy der Erste-Klasse-Gäste respektiert. Klartext: Troll dich!) Weiters Restaurants, Beach Bars, Pool-Landschaften, Sportplätze, Strände. Die Wege sind betoniert oder geschottert und haben hochtrabende Namen wie Natural Trail, auch wenn sie gerade einmal 400 Meter lang sind. Je nach Hotel werden den Gästen einzelne Strand-Reservate zugewiesen. Dort bekommen sie eine Liege und ein Badetuch. Wer woanders liegen will, muss extra zahlen, aber es ist eh überall überfüllt. Die schönsten Strandabschnitte sind für die BewohnerInnen der Luxusbungalows reserviert und dem Pöbel nicht mehr zugänglich.

Unser Freiluftkäfig (die nunmehr horrenden Preise auf der Insel waren uns zu hoch, aber ein paar Tage in einem dazugehörigen Stadthotel, mit Bademöglichkeit auf der Insel, gingen sich aus) besteht aus zwei Teilen. Der gepflegte ist kleiner und schon in der Früh usurpiert. Der andere ist, wenn man ein bisschen genauer schaut, eine brutal abgeholzte Gstätten. Vorher war hier dicht verwachsenes Unterholz, auch nicht lieblich, aber ehrlich. Hat ja auch niemand Riviera-Beach dazu gesagt wie jetzt, und man lagerte nicht hier, sondern auf der Wiese, die nun ein Infinity-Pool ist und zur Privacy der finanziellen Oberschicht gehört. (Die modischen Liegen sind übrigens verdammt unbequem. Bloß Krempel oder Absicht? Vielleicht sollen wir ja nicht zu lang darauf herumlungern, sondern irgendwo anders irgendwas konsumieren?)

Die Stadt gegenüber ist immer noch eindrucksvolles Kulturerbe und pulsierender Ferientrubelplatz, nur kommt sie uns lauter und stressiger vor, wahrscheinlich, weil wir kein Leo mehr haben, in das wir flüchten können. Rundum breitet sich wie ein Krake der Hotelkonzern aus, der unserer Insel die Seele ausgetrieben hat, und nimmt Bucht um Bucht in seinen Besitz. Überall Behübschung, Bespaßung, Gewinnstreben. Jeder Quadratzentimeter Boden genützt und zu Geld gemacht. So geht Yuppisierung.

Thank you so much, sagt das hübsche junge Mädchen in der schmucken Uniform, das den Eingang zum Frühstücksbuffet bewacht. In der neuen Vier- bis Fünf-Sterne-Welt arbeiten lauter schöne junge Menschen, zumindest an sichtbarer Stelle. Wohin wurden die drallen älteren Frauen und Männer im Styling der werktätigen Massen verräumt, die früher hier zugange waren?

Thank you so much. Wir kriegen was für unser Geld, ein Danke fürs Frühstücken und den Anblick tadelloser Gestalten. Na bitte.

Nein, Sanierung ist nichts Böses, und dass Investitionen sich lohnen sollen, versteht man. Aber was ist Sanierung, und was ist gnadenloser Ressourcenverschleiß? Die Antwort gibt wieder einmal der Gierfaktor.

Im Rentenalter

Oktober
2
2017

Arbeit als Lebenssinn? Für manche schon.
Aber es gibt Jobs, die sind einfach öde.

Und immer wieder die leidige (ja, doch: leidige!) Debatte um das Pensionsalter, mit besonderer Berücksichtigung der Frauen. Die Menschen in Österreich gehen zu früh in Rente. Das Pensionsantrittsalter gehört endlich hinaufgesetzt. Warum nicht arbeiten bis 67? Bis 75? Noch länger?

Diejenigen, die das fordern, haben in der Regel: Einen interessanten Beruf, der ihnen Freude macht. Ein hohes Sozialprestige, das mit ihrem Beruf zusammenhängt. Ein gutes Gehalt. Ein großes Ausmaß an Selbstbestimmung bei ihrer Berufsausübung. Und häufig sind sie auch noch relativ jung und bei guter Gesundheit.

Sie verstehen nicht, dass sich jemand aus seinem Berufsleben verabschieden möchte. Sie können sich nicht vorstellen, mit dem, was sie tun, freiwillig aufzuhören. Sie sagen: Arbeiten ist doch so erfüllend! Wir brauchen doch alle eine Aufgabe!

Ihr Beruf gibt ihrem Leben Sinn, er belohnt sie mit ordentlich Zaster, er beschert ihnen das Gefühl, wichtig zu sein. Na klar träumen sie nicht von einem Rentnerdasein. Warum denn auch?

Aber nicht alle Berufstätigen sind in dieser glücklichen Lage. Menschen haben auch Jobs, die ihre Körper verschleißen. Menschen haben Jobs, die sie im Lauf der Jahre psychisch auslaugen. Menschen haben Jobs, die sie nicht befriedigen. Menschen haben Jobs, die ihnen weder gesellschaftliche noch finanzielle Anerkennung bescheren. Menschen haben Jobs, die sie schlicht als öde empfinden. Und nein, das liegt nicht an den Menschen, sondern an den Jobs. Es gibt Arbeiten, die gemacht werden müssen, aber öde sind sie doch. Menschen haben Jobs, die sie in ein enges Zeitkorsett pressen, tagaus, tagein. Menschen werden gekündigt und finden keinen neuen Job, vor allem, wenn sie älter, und schon gar, wenn sie ältere Frauen sind.

Na klar träumen die alle von einem – finanziell halbwegs gesicherten – RentnerInnendasein. Davon, nicht mehr acht Stunden täglich fremdbestimmt zu sein. Davon, morgens ausschlafen zu können. Davon, sich nicht mehr vergeblich um einen Job bewerben zu müssen. Davon, sich endlich ihren ureigenen Interessen widmen zu können. Mag sein, dass diese Interessen für andere nicht immer nachvollziehbar sind, Stichwort Bierdeckelsammeln. Aber abgesehen davon, dass die meisten eh etwas Mehrheitstaugliches im Sinn haben (Wandern, Sporteln, Garteln zum Beispiel), sind auch schlichte Hobbys sinnvoll für diejenigen, die ihnen nachgehen.

Alle diese Leute, die mit 60 ihr Berufsleben beenden wollen, haben noch ein paar gesunde Jahre vor sich. Die möchten sie ein bisschen genießen, und zwar nach ihren Vorstellungen. Gestiegene Lebenserwartung heißt nämlich nicht, dass jede und jeder fit und vergnügt 95 wird. Häufig sind die letzten Lebensjahre von Schwäche und Verfall geprägt. Die Zeit, in der es einem noch gut geht, ist begrenzt. Und vor allem: Man kennt die Grenze nicht. Arbeiten bis 70 kann daher bedeuten: Arbeiten bis zum Umfallen. Das mag für die Führungspersönlichkeit, die Wissenschafterin, den Künstler nach spannender Herausforderung klingen. Die Person mit dem langweiligen Bürojob erschreckt es.

Kommt meistens eh ein wenig anders als ausgemalt. Kinder brauchen Unterstützung, Enkel Betreuung, Reisen sind zu teuer, beim Wandern streikt das Knie. Trotzdem: Man möchte wenigstens die Chance haben, ein bisschen was von dem zu realisieren, was man sich ein Berufsleben lang mehr oder weniger versagen musste.

Ja, aber sollen sich denn die Jungen zu Tode schuften, damit die Alten auf der faulen Haut liegen können, während sie selbst nicht einmal wissen, ob sie jemals in den Genuss von Ruhestandszahlungen kommen?

Nein, so soll es nicht sein. Jedoch: Nicht die Alten sind schuld an prekären Beschäftigungsverhältnissen, an jahrelangen, schlecht bezahlten Praktika, an befristeten Arbeitsverträgen, an Ich-AGs statt Arbeitsplätzen mit Sozialversicherung, an der Schere zwischen Arm und Reich, die sich immer weiter öffnet statt schließt.

Natürlich geht es nicht nur um Verständnis für das Ruhebedürfnis der Alten, sondern auch darum, wie man es finanzieren soll. Aber wenn es an grundlegendem Verständnis fehlt, dann laufen alle Finanzierungspläne darauf hinaus, dass die Alten nur noch als überflüssiger Kostenfaktor gesehen und behandelt werden.

Im Prinzip hängen Renten wie Gehälter an der erzielten Wertschöpfung. Um die ist es nicht so schlecht bestellt. Über die Aufteilung der Gewinne sollte freilich nachgedacht werden, im Interesse der Alten wie der Jungen.

Davon abgesehen machen sich die Alten ja eh nützlich. Innerfamiliär. Ehrenamtlich. Sie wollen doch gar nicht die ganze Zeit auf der faulen Haut liegen. Aber weniger Druck wollen sie. Mehr Lebenszeit für sich, solange sie noch über Lebenszeit verfügen.

Was die Frauen betrifft, so gehen sie tatsächlich, statistisch gesehen, bloß anderthalb Jahre früher in Pension als die Männer. Dafür gelten sie auf dem Arbeitsmarkt früher als schwer vermittelbar.

Altwerden geht schneller, als man glaubt. Wer einen Generationenkrieg ausrufen möchte, sollte aufpassen, dass er sich nicht unversehens in der falschen Generation wiederfindet.

Noch immer die Klassiker

März
19
2018

Warum man bei mir keinen Generationenkonflikt bestellen kann.

Weil ich 1997 das Frauenvolksbegehren mitinitiiert habe, werde ich jetzt immer wieder zu (Podiums-)Gesprächen eingeladen, bei denen ich als seinerzeitige mit einer der Proponentinnen des jetzigen Frauenvolksbegehrens debattieren soll. Bei den Einladungen klingt oft durch, dass man sich irgendwie einen Generationenkonflikt erwartet. Was genau sich die Einladenden versprechen, weiß ich nicht, aber Konflikte zwischen älteren und jüngeren Weibern sind beim Publikum immer beliebt. Das zeigt dann angeblich, dass die Anliegen der Älteren überholt sind oder dass die Älteren nix zusammengebracht haben, weil die Jüngeren noch immer Anliegen haben, oder dass die Anliegen der Jüngeren fragwürdig sind, weil sich schon bei den Älteren gezeigt hat, dass das keine Sau interessiert, oder – keine Ahnung, was noch. Jedenfalls: Streitgespräch erwünscht.

Ich wüsste aber nicht, worüber ich mit einer Proponentin des neuen Frauenvolksbegehrens streiten sollte. Noch immer geht es um die alten Klassiker, nämlich um eine gerechtere Aufteilung von Mitsprache, Geld und bezahlter wie unbezahlter Arbeit, da hat sich nicht viel geändert, schon gar nicht zum Besseren.

Eher sind die Verhältnisse schlechter geworden, Konkurrenz und Leistungsdruck lassen Gedanken an Solidarität in der Arbeitswelt gar nicht erst aufkommen, jede soll sich selbstgefällig die Nächste sein, und Emanzipation wird als

Mitmachendürfen von Frauen nach neoliberalen Spielregeln verstanden, die nur deshalb nicht patriarchal genannt werden können, weil väterliche Verantwortung dabei keine Rolle spielt.

Wir haben seinerzeit noch geglaubt, dass die Mehrheit unserer Mitmenschen Gerechtigkeit als einen Wert und das Streben danach als menschliches Bedürfnis sieht. Das war unsere Ausgangsbasis. Haben wir uns schon damals geirrt oder ist dieser Konsens erst später nach und nach vor die Hunde gegangen? Offensichtlich glauben auch die jetzigen Volksbegehrerinnen, dass er sich irgendwo in den Tiefen der mitmenschlichen Seele immer noch findet, sonst würden sie nicht an ihn appellieren, aber Tatsache ist, dass sie sich vordergründig mit harter Gegnerschaft herumschlagen müssen.

Gerechtigkeit gibt es nicht, heißt es inzwischen. Angesagt sind Gewinnen, Siegen, Übertrumpfen, den eigenen Vorteil im Auge haben, schneller sein, härter sein, für sich herausholen, was geht. Nicht, dass man es vor 20 Jahren mit Empathie und Rücksichtnahme zu Führungspositionen und einem Vermögen gebracht hätte, aber zumindest war Rücksichtnahme im allgemeinen Verständnis noch nichts, was Verachtung verdiente, und Opfer kein Schimpfwort. Das hat sich geändert.

Geringschätzung der Erfolglosen wird nicht mehr versteckt, sondern offen ausgesprochen und mit Applaus bedacht.

Diese Regierung, so argumentierte kürzlich Familien- und Frauenministerin Bogner-Strauß in der „ZIB 2“[13], sei angetreten, Steuerzahlende zu entlasten, dafür sei sie gewählt worden. Und deswegen gebühre der Familienbonus eben nur den SteuerzahlerInnen, die Armen seien ohnehin schon von

13 Am 1.3.2018

Steuern befreit und bekämen künftig trotzdem noch 20 Euro im Monat geschenkt.

Das erinnerte an Gutsherrinnen-Auftritte, wie wir sie aus der (Trivial-)Literatur kennen: Mit gütiger Strenge weist die Grundbesitzerin dem einfachen Volk seinen Platz zu, der für die alleinstehende Mutter mit dem Dienstbotenlohn nun einmal am unteren Ende der gesellschaftlichen Hierarchieleiter ist.

Leider unterschlägt sie dabei eine wichtige Wahrheit: Auch die Armen zahlen Steuern, und das nicht zu knapp. Auf jedem Kilo Mehl, das sie kaufen, liegen 10 Prozent Mehrwertsteuer, auf jedem Kleidungsstück 20 Prozent. Sie zahlen eine Steuer für den Strom, den sie (ver-)brauchen, Kommunalsteuern, Grundsteuer als Häuslbauer, Mineralölsteuer, wenn sie Auto fahren, Kaffeesteuer, wenn sie Kaffee trinken, Tabaksteuer, wenn sie rauchen.

Okay, auf Kaffee und Zigaretten kann man verzichten (obwohl ja gerade diese Regierung Verständnis fürs Rauchen aufbringen müsste), auf Lebensmittel und Strom hingegen nicht, wohnen muss man jedenfalls, und ohne Auto ist man auf dem Land oft aufgeschmissen. Die Armen kommen also um indirekte Steuern nicht herum. Sie als Schmarotzer hinzustellen, die dankbar sein sollen, wenn man ihnen Almosen zuteilt, ist daher schlicht unangebracht.

Noch leben wir in einem Land, das darauf ausgerichtet ist, niemanden vor die Hunde gehen zu lassen. Noch gibt es ein soziales Netz, auf das wir uns einigermaßen verlassen können. Dafür zahlen wir Steuern. Und das ist gut so.

Freiwillig

April
16
2018

Ein Gerichtsurteil und die Frage, was unter einvernehmlichem Sex zu verstehen ist.

Das alte, unschöne Lied. Eine Frauensperson sagt, sie sei vergewaltigt worden. Der Beschuldigte oder die Beschuldigten sagen, sie hätte freiwillig Sex mit ihm bzw. mit ihnen gehabt. Keine Zeugen außer den Beteiligten. Wem glaubt das Gericht und warum?

Kürzlich glaubte ein Schöffensenat in Niederösterreich zur Hälfte einer jungen Frau und zur Hälfte den beiden Beschuldigten. Im Zweifel für die Angeklagten, daher: Freispruch.

Ja, so ist das in einem Rechtsstaat. Die Staatsanwältin meldete Nichtigkeitsbeschwerde an, das Urteil ist nicht rechtskräftig. Jetzt muss die nächste Instanz entscheiden. Kein Grund zur Aufregung. Oder doch?

Die Geschichte geht so: Eine 15-Jährige ist um halb elf in der Nacht unterwegs vom Bahnhof Tulln zur Wohnung ihres Vaters. Zwei 18-jährige Burschen folgen ihr und holen sie ein. Einer habe sie, sagt das Mädchen, niedergeschlagen. Mit einem unbekannten Dritten hätten die zwei sie dann auf einen nahen Sportplatz geschleppt. Dort habe einer der beiden Angeklagten sie vergewaltigt. Nach einem Befreiungsversuch sei sie erneut eingeholt und vom zweiten Angeklagten vergewaltigt worden. Erst dann sei es ihr gelungen, davon und nach Hause zu laufen.

Die Burschen hingegen behaupten: Das Ganze war ein freundschaftliches Treffen, man habe zusammen einen Joint geraucht und danach einvernehmlich Sex gehabt. Eine der

Verteidigerinnen erklärt, das Mädchen leide an einer psychischen Erkrankung und habe zum betreffenden Zeitpunkt einen „Medikamentencocktail intus" gehabt. Auch die Vokabel „zugedröhnt" fällt.

So. Und jetzt? Der Joint konnte nicht bewiesen werden. Der Medikamentencocktail auch nicht. Im Krankenhaus, wo das Mädchen sofort nach dem Vorfall untersucht wurde, fiel ein Drogentest negativ aus. Dafür wurden „eindeutige Verletzungsspuren" diagnostiziert – Kratzspuren am Rücken, an den Knien und an den Oberschenkeln sowie eine Rötung am Kinn.

Aber: Die 15-Jährige hat bei fünf Einvernahmen den Tathergang nicht immer gleich geschildert. Und die Burschen hatten ihre Mobiltelefonnummer auf ihren Handys gespeichert. Sie sagt, das sei während der Tat passiert, bewiesen ist es nicht. Kurzum: Freiwilligkeit vonseiten des Mädchens habe nicht ausgeschlossen werden können, und ein subjektives Erkennen der Angeklagten, dass sie einen Widerstand der 15-Jährigen zu überwinden hatten, sei nicht nachzuweisen gewesen – so der vorsitzende Richter.

Ja, wie es genau war, wird man nie erfahren. Und nicht alle Vernehmungsdetails sind bekannt. Aber das, was bekannt wurde, wirft doch die Frage auf, welche Vorstellungen von Freiwilligkeit da durch welche Köpfe geistern. Ist es wahrscheinlich, dass eine 15-Jährige auf dem Heimweg vom Bahnhof aus Jux und zum Vergnügen beschließt, sich von zwei mehr oder weniger fremden Männern am Straßenrand schnell penetrieren zu lassen? Kann man von Freiwilligkeit reden, weil die Angeklagten subjektiv keinen Widerstand ihres Opfers erkannt haben? Hätten sie sich an dem Mädchen vergreifen dürfen, wenn es tatsächlich mit Medikamenten zugedröhnt gewesen wäre, weil psychische Beeinträchtigung für Freiwilligkeit steht? Und falls ihnen das Mädchen ihre

Handynummer aus freien Stücken gegeben hätte – wäre das eine Einwilligung zum Geschlechtsverkehr gewesen?

Ach ja, die beiden Angeklagten sind übrigens Asylwerber, aus Somalia bzw. Afghanistan. Das hat einerseits den Mob mobilisiert, der am liebsten zur Lynchjustiz geschritten wäre, aber nicht aus Mitgefühl mit dem Opfer, sondern aus Wut auf die Ausländer, und andererseits vielleicht dazu geführt, dass man bei der Urteilsfindung besonders vorsichtig war, um nur ja nicht in den Verdacht der Xenophobie zu kommen.

Auf der Strecke blieb eine 15-Jährige, deren Glaubwürdigkeit auf altbekannte Weise in Zweifel gezogen wurde. Hat sich nicht genau erinnert. Hat sich nicht bei jeder Vernehmung genau gleich erinnert. Muss die Burschen gekannt haben (Handynummer). Hat sich nicht so gewehrt, dass die Burschen gleich gemerkt haben, sie will nicht.

Noch einmal: Rechtsstaat. Wichtig. Keine vorschnellen Verurteilungen. Im Zweifel ... Aber wenn man's übertreibt mit den Zweifeln, dann sind wir wieder bei: Lebt ja noch, atmet ja noch, kann schon nicht so schlimm gewesen sein.

Hoffen auf die nächste Instanz. Ja, schon. Nur sind die beiden Freigesprochenen inzwischen untergetaucht.

Himmelmutter

April
30
2018

Wenn ein Mädchen gepfiffen hat, hat sie geweint. Angeblich. Über den freien Willen von Kindern.

Wenn ein Dirndl pfeift, weint die Himmelmutter, sagten die alten Frauen auf dem Land, wo ich in meiner Kindheit die Sommerferien verbrachte. War mir egal. Ich pfiff darauf. Ich war Städterin, nur zu Besuch, und meine Mutter lachte, wenn sie sowas hörte. Die Mädchen im Dorf hingegen schauten mich rügend an. Sie pfiffen nicht, sie wussten, was sich gehörte. Es gehörte sich auch, dass sie ihre Brüder bedienten. Es gehörte sich nicht, die Nase in Bücher zu stecken, statt sich nützlich zu machen. Es gehörte sich nicht, über Körperfunktionen – zum Beispiel die Regelblutung – Bescheid zu wissen und womöglich sachlich darüber zu sprechen. Und es gehörte sich, keinen anderen Burschen mehr anzuschauen, wenn einen einer ein paar Mal abends im Elternhaus besucht hatte.

Es gab einen Verhaltenskodex, gegen den verstießen Mädchen nicht, wenn sie nicht geächtet werden wollten. Kann man sagen, dass sie sich freiwillig daran hielten?

Der freie Wille von Kindern wird unentwegt beschnitten, und das ist über weite Strecken notwendig. Niemand wird es der freien Entscheidung einer Dreijährigen überlassen, ob sie bei Rot über die Straße läuft.

Kinder werden erzogen, und das heißt, sie werden auch manipuliert und indoktriniert. Man tut es zu ihrem Besten. Das Beste liegt im Rahmen des eigenen Welt- und Rollenbildes. Wer an eine Himmelmutter glaubt, die vor Kummer weint, wenn kleine Mädchen pfeifen, verbietet kleinen Mädchen das Pfeifen – nicht, um ihnen zu schaden, sondern um sie vor Schaden zu bewahren. Der Schaden läge darin, dass sie sich bei höheren Mächten unbeliebt machen.

Wer nicht an höhere Mächte glaubt, die darauf aus sind, kleine Mädchen um ihre Lebenslust zu bringen, sieht den Schaden hingegen im Pfeifverbot.

Welche Instanz entscheidet, wer recht hat?

Das Pfeifverbot gehörte zu einem Rollenbild, gegen das sich Frauen vehement gewehrt haben und bis heute wehren. Sie wehren sich, weil sie für sich entschieden haben, dass sie es als Schaden betrachten, wenn sie in ihrer Lebenslust, in ihrem Bewegungsspielraum, in ihrer Selbstbestimmung beschnitten werden. Sie sehen sich als oberste Instanz über ihr Leben. Aber sie haben die Rechte, die sie sich erkämpft haben, nicht individuell errungen, sondern durch Zusammenschluss, mit gegenseitiger Unterstützung und gegenseitiger Aufklärung. Sie haben den Staat erst dazu bringen müssen, sie als oberste Instanz über ihre Lebensentwürfe einzusetzen. Dazu mussten sie sich mit den Himmelmutter-Beschwörerinnen anlegen und kleine Mädchen zum Pfeifen ermutigen. Was wiederum in die Entscheidungsfreiheit derer eingriff, die ihre Töchter oder Enkelinnen nach dem Bild einer angeblich mieselsüchtigen Himmelmutter formen wollten.

Es lief und läuft auf eine Güterabwägung hinaus. Was ist das höhere Gut? Dass die Familie freie Hand bei der (religiösen) Erziehung ihrer Kinder hat, oder dass die Kinder vor (religiöser) Indoktrinierung bewahrt werden, die womöglich mit einer Beschneidung ihrer Grundrechte einhergeht?

Ja eh, es gibt kein Grundrecht auf Pfeifen. Aber es gibt ein kindliches Grundrecht darauf, laut und ausgelassen sein zu dürfen, sich bewegen zu dürfen, unbefangen herumzutoben, Fähigkeiten und Fertigkeiten erproben zu können, Lust und Freude dabei zu empfinden und darauf vertrauen zu dürfen, dass man beschützt und vor Verletzungen bewahrt wird. Wenigstens ist das mittlerweile hierzulande gesellschaftlicher Konsens. Theoretisch. Praktisch müssen wir feststellen, dass Eltern unter Berufung auf religiöse oder kulturelle Traditionen Kindern diese Grundrechte verwehren. Kinder werden angehalten, ihren Körpern als sündenanfällig zu misstrauen, sie werden in Verhaltens- und Bekleidungskorsette gepresst, und auch vor Eingriffen in ihre physische Unversehrtheit sind sie nicht sicher – Stichwort Beschneidung.

Mädchen schnürt man in viel engere Verhaltens- und Kleidungskorsette als Buben. Das heftig umstrittene Kopftuch ist dabei Teil einer Erziehung, die weiblichen Kindern nicht denselben Entfaltungsumfang zubilligt wie männlichen. Das trifft nicht auf alle muslimischen Familien zu, aber auch an die weinende Himmelmutter glaubten nicht alle KatholikInnen, und trotzdem war das Rollenbild, zu dem sie gehörte, erdrückend präsent. Als Kind solche Rollenbilder einzelkämpferisch infrage zu stellen, ist schwer bis unmöglich. Schon deswegen, weil man, um Regeln abzulehnen – oder freiwillig zu akzeptieren –, informiert sein muss. Man muss vergleichen und abwägen können.

Die Informationspflicht dazu liegt bei der Gesellschaft. Sie muss aufklären, zu selbstständigen Entscheidungen ermutigen und Heranwachsende bei selbstständigen Entscheidungen unterstützen. Deshalb sollte die öffentliche Schule ein säkularer Raum sein. Ein Leo. Wo man sich in Ruhe informieren und nachdenken kann. Was bedeuten würde: Unterricht über Religionen statt konfessionellen Religionsunterrichts. Verpflichtender Ethikunterricht. Keine religiösen Symbole in Klassenzimmern. Und ja, keine Hijabs.

Digitalissimo

Mai
14
2018

Ich bin kein Nerd. Ich muss ohne Nerd über die Runden kommen. Ich will meine Lebenszeit zurück!

Plötzlich komme ich an mein elektronisches Bankkonto nicht mehr heran. Kaum logge ich mich ein, werde ich auch schon wieder ausgeloggt. Nach mehrmaligen vergeblichen Versuchen lande ich in der Warteschleife der Hotline. Schließlich eine menschliche Stimme. Sie sagt: „Sie müssen Ihre Browser bearbeiten. Ich schicke Ihnen dazu eine Mail."

Ich bearbeite den ersten Browser nach Mail-Anweisung. Systemabsturz. Warteschleife. Zweiter Helfer: „Sie arbeiten mit Mac. Da gibt's öfter Probleme. Wir rufen Sie morgen an." Ich werde nicht angerufen. Warteschleife. Dritter Helfer: „Es liegt gar nicht an Ihnen, sondern an der Bank."

Und so fort. Insgesamt verbringe ich mehrere Stunden damit, meine in den Weiten des Cyberspace geparkten paar Kreuzer aufzuspüren. Stunden, in denen ich lesen, Kolumnen schreiben, fernsehen, den Keller aufräumen oder vielleicht sogar die Grundbegriffe des Didgeridoospielens erlernen hätte können. Stunden meiner Lebenszeit – verplempert. Dahin. Wieder einmal.

Derlei unfreiwillige Investitionen in meine digitale Existenz sind ja keine Ausnahme. Dauernd bin ich gezwungen, an der Wiederherstellung der elektronischen Voraussetzungen für meine Arbeit zu arbeiten, statt das tun zu können, was ich eigentlich dringend tun müsste.

Ich date up und rüste auf, ich suche von meinem E-Mail-Programm verschluckte Ordner, ich bemühe mich vergeblich, meinen Drucker zum Drucken zu bewegen, ich durchforste unübersichtliche Websites von Firmen, die auf standardisierte Reklamationen mit automatisch generierten Mails antworten, in denen ich auf die jeweilige Website zurückverwiesen werde, und schon wieder soll ich eine neue Version von irgendeinem Reader installieren, wenn ich einen mitgeschickten Anhang öffnen will.

Ich möchte meine Lebenszeit zurück! Ich hätte gar nichts gegen klaglos funktionierende elektronische Geräte, die mir Arbeit abnehmen, aber ich habe etwas dagegen, dass sie Arbeit machen und so viel von meiner Aufmerksamkeit an sich raffen. Ganz nebenbei möchte ich auch mehr mit Menschen kommunizieren und weniger mit Suchmasken.

Ich weiß, das hört sich alles nach dummer Alter an, die nicht mitkommt bei der neuen Zeit, aber wie sich immer wieder zeigt, sind auch die gescheiten Jüngeren nicht davor gefeit, zu scheitern. Vor Kurzem sollte ich einem Ministerium eine Rechnung stellen. Das geht nur noch elektronisch, in einem mehrstufigen Verfahren. Zunächst flog ich gleich vom Server, später arbeitete ich mich auf höhere Levels empor, aber nie weit genug. Ich rief meinen – ziemlich jungen – Steuerberater zu Hilfe, auch er bemühte sich vergeblich. Schließlich fragte er: Brauchen Sie das Geld unbedingt? Und er erzählte: Mehrere Klienten, Firmeninhaber, seien dazu übergegangen, kleinere Beträge vom Staat gar nicht erst einzufordern. Zu viel Aufwand.

Aber die Digital Natives! Für die ist das alles doch kein Problem! Wirklich? Wie ist das mit den SchulabgängerInnen, die nicht einmal sinnerfassend lesen können? Vielleicht können sie ja Computerspiele spielen und simsen, aber können sie auch elektronische Rechnungen stellen?

Die Digitalisierung reißt Gräben auf. Sie verlaufen nicht geradlinig zwischen Alt und Jung oder Wissenden und Unwissenden, sondern, unterschiedlich tief, im Zickzack zwischen mehr oder weniger Informierten, aber auch zwischen mehr oder weniger Kaufkräftigen. Viele von uns können ganz geläufig mit ihren Computern, Smartphones oder Tablets umgehen. Doch dass die wenigsten durchschauen, was sie wirklich tun, ist bekannt. Und wie viele können sich in regelmäßigen Abständen neue Laptops und technischen Support leisten?

Klar, wir fahren schon lange Auto, ohne zu wissen, was genau im Motor vorgeht, und wir benützen Waschmaschinen ohne Kenntnis von deren Innenleben, aber Autos und Haushaltsgeräte sind einfach zu bedienen und betreffen nur einen kleinen, vergleichsweise banalen Teil unseres Alltags. Die umfassende Digitalisierung, von deren Notwendigkeit wir ständig hören, soll jedoch unseren Zugang zu Informationen bestimmen, unsere Teilhabe am öffentlichen Leben, unsere Arbeitsmöglichkeiten, unseren Umgang mit unserem Geld – und, last but not least, unsere Teilnahme an demokratischen Prozessen. Das ist ziemlich beunruhigend angesichts der Tatsache, dass die meisten von uns keine studierten Informatiker sind, und angesichts der Beobachtung, dass auch studierte Informatiker häufig bloß auf der Basis von Trial und Error agieren. Dazu kommt die Frage der finanziellen Ressourcen. Während uns ein altes Auto von A nach B bringt, bringt uns ein alter Computer nirgendwo hin. Das Ausmaß unserer Teilnahme am gesellschaftlichen Leben hängt also nicht zuletzt an unserer Kaufkraft.

Wissen die Führungskräfte in Politik und Wirtschaft, wovon sie reden, wenn sie von der Dringlichkeit der Digitalisierung reden? Sie können sie leicht preisen. Einerseits. Das nötige Geld haben sie ja. Aber sind sie auch fachkundig oder verlassen sie sich auf ihre eigens dazu engagierten Nerds? Und vertrauen sie denen blindlings? Wenn ja, macht ihnen das keine Angst? Mir schon.

Prinzen heiraten

Mai
28
2018

Bitte keine Rührungstränen. Das Volk, dem moderne Monarchen nahekommen, ist die internationale Partyszene.

Ich verstehe durchaus, dass Mädchen, ja sogar erwachsene Frauen, Prinzen heiraten wollen. Ich meine jetzt: echte, nicht irgendwelche unbekannte Durchschnittstypen, die durch mehr oder weniger Verblendung zu Märchengestalten verklärt werden, sondern richtige, kochfeste, mit einem zertifizierten Stammbaum, der sie als privilegiert seit Generationen ausweist, und einem soliden Königreich im Rücken. Ja, so einen wie Prinz Harry, sowas meine ich.

Ist doch sicher kein schlechtes Leben als Prinzessin oder Herzogin von Vauxhall-Bentley oder Rolls-over-Royce! Bedient werden, bewundert werden, jeden Tag toll gestylt sein, keine Geldsorgen haben – jedenfalls keine der Sorte Wo-nehme-ich-Zaster-für-die-nächste-Stromrechnung-her oder Eine-neue-Waschmaschine-wird-sich-leider-nicht-ausgehen – und prächtig wohnen; dafür kann man schon da und dort wohltätig lächeln, ohne unter Arbeitsüberlastung zusammenzubrechen!

Jedenfalls scheint mir das komfortabler, als jeden Morgen um sechs im vollen Bus zur Arbeit zu fahren, am Wochenende die Fenster zu putzen, Raten fürs Wohnungseigentum abzustottern und um den Job bangen zu müssen.

Kommen Sie mir bloß nicht mit *goldenem Käfig* und der gnadenlosen Öffentlichkeit, die ihre Augen auf das arme Geschöpf richtet, und damit, wie wahnsinnig anstrengend es ist, bei Festakten stillzustehen und nachher ein Band durchzuschneiden! In den Chefetagen sind sie auch nicht barmherzig, die Nachbarschaft beobachtet einen gleichfalls kritisch, und darüber, wie anstrengend eine Schicht im Krankenhaus ist, brauchen wir wohl nicht lange zu diskutieren.

Also: alles relativ. In Relation spricht nichts vehement gegen ein Dasein als Prinzgemahlin, daher Verständnis, wenn sich eine einen Royal krallt, schon gar, wenn er fesch ist und sympathisch wirkt. (Hätten wir die Chance dazu gehabt, statt uns ein Arbeitsleben lang zu plagen, hätten wir sie vielleicht auch ergriffen.)

Nur: Kann man bitte aufhören, in diesem Zusammenhang die Vokabeln *feministisch* und *emanzipiert* zu verwenden? Prinzgemahlin zu sein und als selbstständige Frau gelten zu wollen, das geht nicht zusammen. Self-made schaut anders aus. Ms. Markle, nunmehr Herzogin von Sussex, mag als berufstätige Person selbsterhaltungsfähig gewesen sein, ihre jetzige Existenz jedoch ist an ihre Zugehörigkeit zur Familie Windsor gebunden, kam durch Heirat zustande und eignet sich nicht dafür, unsere Töchter und Enkelinnen zu einem Studium der Medizin oder der Ingenieurswissenschaften zu ermuntern, mit dem Ziel, ein unabhängiges und selbstbestimmtes Leben zu führen.

Nicht grundlos hat Ms. Markle ihren Blog im Internet sofort aufgegeben und keinerlei weitere Rollenangebote als Schauspielerin angenommen, sobald sie offiziell als Prinz Harrys Braut galt. Ihre künftige Rolle ist die der Ehefrau. Und auch wenn sie gelegentlich ein paar nützliche Sager in Sachen Gleichstellung von sich geben sollte, ist sie als Role Model für ein unabhängiges Frauenleben fehlbesetzt.

Andererseits wäre es fatal, ihre *Karriere* als Empfehlung für die Versorgungsehe zu sehen. Dazu sind Prinzen u. ä., schon gar fesche und sympathische, einfach zu selten. Schon deswegen sollten unsere Töchter und Enkelinnen ihr Augenmerk lieber auf eine sie interessierende Berufsausbildung legen als auf die internationale Partyszene, in der frau vielleicht einen Prinzen ergattert, vielleicht aber auch nur Blessuren an Leib und Seele.

Womit wir beim nächsten Punkt wären: Kann man bitte auch aufhören, uns einreden zu wollen, eine Monarchie sei *modern* und *volksnah*, wenn ein Prinz ein Starlet heiratet? Das Volk, dem sich Europas Monarchen beziehungsweise ihre männlichen Nachkommen angenähert haben, ist eine Mischung aus Jetset und Glücksrittern (weiblich wie männlich) des Showbiz. Das hat nichts mit einer Absage an aristokratische Dünkelhaftigkeit zu tun.

Prinzen heutzutage heiraten *bürgerliche* Mädchen oder Frauen nicht, weil sie die Privilegien ihres Standes infrage stellen, sondern weil sie keine Lust haben, den früher üblichen Preis dafür zu zahlen und sich mit einer sie langweilenden und vielleicht unattraktiven Standesgenossin zu paaren. Außerdem hat Geld Schwächen des Stammbaumes immer schon aufgewogen. Prinz William mag seiner Frau Kate herzlich zugetan sein – die Tatsache, dass sie aus einem millionenschweren Haus kommt, hat zumindest die Zuneigung der übrigen Familie zu ihr erheblich befördert, und zunächst überhaupt bewirkt, dass die beiden einander (in der teuren schottischen Privatuniversität St. Andrews) begegnet sind.

Wenn Prinzen Starlets und Partygirls heiraten, dann ist das insofern *modern*, als sie sich damit den Bewertungskriterien einer breiten Öffentlichkeit anschließen, die inhaltsarme Selbstdarstellung mehr bewundert als ernsthafte Qualifikationen. Mit Aufgeschlossenheit für eine Politik der Chancengleichheit oder der Geschlechtergerechtigkeit sollte das nicht verwechselt werden. Bitte keine Rührungstränen.

Triest. Eine Impression

September
3
2018

Das vereinte Europa ist kein Ponyhof! Schade. Warum eigentlich nicht?

Triest hat diesen spektakulären Hauptplatz, der sich lichterbestickt im Meer verliert, und zwei Schwimmbäder neben der Lanterna, dem ältesten Leuchtturm der Stadt, wo man im erstaunlich klaren Wasser des Hafenbeckens urbanes Feeling mit unbegrenztem Weitblick verbinden kann.

Das größere der beiden Bäder, das Bagno Ausonia, bietet um 5,50 Euro Eintritt pro Tag Tische, Sessel und Liegen zur freien Benützung und die Möglichkeit, Straßenkleidung und Schuhe in einem großen Garderobenraum vertrauensvoll zu deponieren. An langen Kleiderständern hängen auf Bügeln die Kleider, die Schuhe stehen darunter; bewacht wird nicht, aber anscheinend ist das auch nicht nötig. Und dann gibt es noch, ach ja, einen überdachten Bereich mit einer langen Bücherwand voll Lektüre für Erwachsene wie Bambini, wohin man sich zum Schmökern zurückziehen kann. Auch hier: freie Entnahme, keine Kontrollen, kein Vandalismus.

Von Triest kann man mit dem Schiff nach Muggia oder Grado fahren oder die istrische Küste hinunter bis nach Rovinj. Wir fuhren nach Piran, allerdings mussten wir einen Umweg über Poreč in Kauf nehmen. Die Fahrt Triest–Poreč–Piran dauert knapp zwei Stunden und führt durch drei Länder – beziehungsweise die entsprechenden Meere –, wobei um einen Meeresabschnitt zwei der Länder, wie man weiß, seit Jahren rangeln.

Weil wir den Schengenraum verlassen, wird die Zwei-Stunden-Schiffsreise zur streng kontrollierten Unternehmung. Securitycheck vor dem Einschiffen, Passkontrollen in Triest, in Poreč (wo wir das Schiff eh nicht verlassen dürfen), in Piran. Warteschlangen. Strenges Personal, das der frommen Touristenherde mit finsterer Miene signalisiert, dass sie nicht auf übermütige Gedanken kommen soll. Polizeiboote in der umstrittenen Bucht von Piran.

Ja, Leute, die Festung Europa ist kein Ponyhof. Wer, vollgetankt mit naiver Freude über freiwilligen Anstand, aus dem Triestiner Stadtbad kommt und glaubt, so könnte es weitergehen, wird schnell wieder auf den harten Boden der politischen Tatsachen zurückgeführt. Nicht Vertrauen, sondern massives Misstrauen ist das offizielle Gebot der Stunde. Zäune, Mauern, Uniformen, Zerstückelung.

So haben wir uns das nicht vorgestellt, damals, als wir von einem vereinten Europa geträumt haben, barrierefrei, nicht zuletzt, was die mentalen Barrieren nationalistischer Engstirnigkeit anlangt. Am schlimmsten dabei ist, dass das Zerplatzen dieses Traums in weiten (regierenden) Kreisen nicht Bedauern, sondern, wie mir scheint, Kampfbegeisterung hervorruft. Endlich wieder die Burgtore verrammeln und Geschoße unter den Pechnasen in Bereitschaft bringen können!

Zurück in Wien, überrascht uns der Innenminister mit einer Pressekonferenz, die dem Verbreiten von Tipps für das richtige Verhalten bei „Amok und Terror“ dienen soll. Der aktuelle Anlass: keiner, wie der Innenminister in seiner Begrüßung ausdrücklich festhält.

So macht man Stimmung. Es ist zwar alles ruhig, Leute, aber seid vorsorglich schon einmal alarmiert! Damit die derzeitige Ruhe als Ruhe vor dem Sturm rüberkommt, beschwören wir unablässig einen Ernstfall, von dem niemand so genau weiß, wie er ausschaut, doch gerne helfen wir eurer Fantasie nach, zum Beispiel mit einer Grenzschutzübung, bei der österreichische Polizeischüler augenrollend fäusteballende Migranten mimen, oder demnächst vielleicht mit der Simulation eines Terroranschlags auf die Präsidentschaftskanzlei, wer weiß, Hauptsache, ihr fürchtet euch.

Da kommt man schon ins Nachdenken. Und stellt sich vor, wie es wäre, ein Stück zähnebleckender Alpenfestung gegen einen weltoffenen Meerzugang eintauschen zu dürfen, was uns zumindest den Anblick städtischer Laiendarsteller in krachledernen Beinkleidern und edelweißgetupften Wämsen ersparen würde.

Kleiner Schwenk. In einem Interview mit dem „Kurier" vom 5. August antwortet Wirtschaftskammerpräsident Harald Mahrer auf die uns alle bewegende Frage nach seinem bevorzugten Sommer-Drink: „Gin-Tonic, wobei mein Lieblingsgin der Gin Mare von der spanischen Costa Dorade (sic!) ist, mit einem Fever Tree Mediterranean Tonic."

Ist das jetzt besser als demonstratives Provinzlertum? Nein, leider. Weltläufigkeit als eitle Attitüde gehört ebenso zum Ausgrenzungsspiel wie die zur Schau getragene Pseudotracht. Signalisiert wird die Zugehörigkeit zu einer angesagten Gruppe respektive Sozialschicht. Wir drinnen, du draußen, und damit sich ein wohliges Drinnen-Gefühl einstellt, braucht es, wie man weiß, ein Draußen. Bleib auf Distanz, dodeliger Hugo-Schlürfer, deine Zeit ist vorbei!

Aber ich will hier nicht allzu streng auftreten. Haben wir nicht alle unsere Marotten? Ich zum Beispiel befeuchte meine Bügelwäsche vorzugsweise mit *Veen Velvet,* dem „Champagner unter den Quellwassern", aus der arktischen Wildnis Lapplands, und einem Spritzer vom walisischen *Ty Nant* aus der roten Flasche (ohne Kohlensäure).

Wer zweimal mit derselben pennt …

November
12
2018

Warum wir nicht gleich aufgeschrien haben.
Und wie wir geglaubt haben, die sexuelle Befreiung gilt auch für Frauen.

Neulich, unter Menschen: Einer in unserer bunt zusammengewürfelten Runde beginnt plötzlich, ein Loblied auf seine Generation zu singen, die zufällig auch meine ist. „Wir haben uns halt noch was getraut!", trompetet er und beendet die anschließende Schilderung seiner angeblich revolutionären Jugend mit dem Zitieren der 68er-Parole: „Wer zweimal mit derselben pennt, gehört schon zum Establishment!"

Ja, so war das damals.

Und warum haben wir Frauen diesen sexistischen Spruch den damaligen Machos nicht sofort in den Hals zurückgestopft?

Weil wir geglaubt haben, er wäre geschlechtsneutral gemeint. Weil wir gedacht haben, die sexuelle Befreiung würde auch für uns gelten. Während die Männer sich vom gesellschaftlichen Zwang zur Monogamie befreien wollten, indem sie Sexualpartnerinnen zum Gebrauchsgegenstand erklärten, der nach einmaliger Benützung zu wechseln sei, blieb uns die Rolle des Objekts. Aber das haben wir nicht alle gleich begriffen.

Auch wir sehnten uns nach Befreiung von spießigen Anstandsregeln. Wir sehnten uns nicht nach zwanghaft wahlloser Promiskuität, aber nach Selbstbestimmung. Wir wollten Sex mit frei gewählten Partnern zum Zeitpunkt und für den Zeitraum unserer Wahl. Wir wollten uns nicht aufsparen sollen für den einen. Wir wollten nicht auf unseren Ruf achten müssen. Wir wollten Lust haben dürfen, mit oder ohne große Liebe. Wir wollten begehren und begehrt werden, ohne Heimlichtuerei. Wir waren es leid, über unser Sexualverhalten kontrolliert und bewertet zu werden. Wir dachten, wir könnten es halten wie die Männer, denen ja immer schon sexuelles Experimentieren zugestanden wurde, ohne dass es ihr Ansehen oder ihre Chancen auf dem Partnerschaftsmarkt gemindert hat.

Die jungen Machos von damals hingegen wollten den Partnerschaftsmarkt beherrschen und nach ihren Spielregeln neu gestalten. Das war in ihren Augen der Fortschritt: eine Ablöse der alten Spießer durch neue Wilde. An ein Mitgestalten der Spielregeln durch Frauen war nicht gedacht.

Nicht alle Frauen sind auf diese Form der angeblichen Befreiung hineingefallen, bald gab es grimmigen Widerspruch durch Emanzengruppen, aber der Anspruch auf ein freies Sexualleben setzte sich auch bei denen durch, die (frauen-)politisch nicht aktiv wurden.

Die alten Anstandsregeln, die Frauen klinisch saubere Zurückhaltung und verbale Zimperlichkeit im Umgang mit Männern diktierten, standen diesem Anspruch entgegen. Also gefielen wir uns in lockeren Sprüchen und in lässiger Duldung lockerer Annäherungsversuche. Bloß nicht zickig sein, wir waren schließlich keine verklemmten Jungfern von anno dazumal, sondern selbstbewusste Vertreterinnen einer neuen Zeit! Wir fürchteten, durch säuerliche Reaktionen auf Macho-Witze einen gesellschaftlichen Umgangston heraufzubeschwören, den wir nicht wiederhaben wollten. Wir waren stolz darauf, den männlichen Sprücheklopfern auf Augenhöhe Paroli zu bieten und in Männerrunden durch vorgebliches Abgebrühtsein zu bestehen.

Weil: nur keine Rückkehr in biedere, bornierte, engstirnige Zeiten!

Aber früher oder später zeigte sich: Die Augenhöhe war eine Illusion. Maulhurerei rettete nicht vor grundsätzlicher, tief in alten Rollenmustern verankerter Geringschätzung, und eine, die auf plumpes Anbaggern lässig, aber nicht willig reagierte, wurde zur verklemmten Zicke erklärt, da half kein noch so abgebrühter Schmäh. Reagierte sie jedoch willig, egal ob aus Lust auf Sex, aus Tschapperlhaftigkeit oder gar aus Berechnung, brachte ihr das auch keine Lorbeeren ein. Die jungen Wilden hatten wie die alten Spießer die Tendenz, sich für leichtes Erobern mit einer abfälligen Nachred' zu bedanken.

Mittlerweile sind wir aufgewacht. Wir haben angefangen, uns gegen den Missbrauch des Begriffs *Befreiung* zu wehren. Wovon wir uns befreien wollen und wann wir uns befreit fühlen, bestimmen wir selber. Wir sind sensibel geworden gegenüber verbaler Abwertung und trauen uns, sie übel zu nehmen, statt uns einreden zu lassen, die Alternative wäre frömmelnde Prüderie. Wir lassen sexuelle Übergriffe nicht mehr als Ausdruck schmeichelhaften Begehrens durchgehen.

Das Wir in diesen Sätzen ist freilich ein leichter Euphemismus, weil es immer noch – oder schon wieder – Frauen gibt, die in der Bekämpfung sexistischer Machtansprüche einen Kampf gegen sexuelle Freuden sehen. Wie das Amen im Gebet tauchen in der MeToo-Debatte Kommentare und Warnungen mehr oder weniger prominenter Geschlechtsgenossinnen auf, die behaupten, dass wir auf eine sexualfeindliche, freudlose, männerfeindliche Gesellschaft zusteuern. Ich nehme einmal an, dass es ihnen nicht nur darum geht, durch Widerspruch Aufmerksamkeit zu erregen, sondern dass sie immer noch – oder schon wieder – glauben, die Ächtung von plumpem Anbaggern führe zu einem Revival viktorianischer Lustfeindlichkeit. Es wäre schön, könnte dieses Missverständnis endlich aus der Welt geschafft werden. Sexismus hat mit einem erfreulichen Sexualleben so viel zu tun wie ein Schlag auf den Schädel mit erholsamen Träumen.

Das Kind ist nicht flexibel

Dezember 10 2018

Wie definieren wir Leistung? Als Gegensatz zu Rücksichtnahme?

Jetzt mach schon, sagt die Mutter, beeil dich, sagt die Mutter, wir kommen sonst zu spät, sagt die Mutter, ich komme sonst zu spät, sagt sie, erspar mir den Ärger. Nein, das mit dem Ärger sagt sie nicht, wozu auch, wie soll das Kind verstehen, was Ärger im Büro bedeutet? Das Kind beeilt sich jedoch nicht, es summt vor sich hin und zieht den linken Socken wieder aus, während sie ihm den rechten anzieht, das Kind mag diese Socken nicht, sonst schon, aber heute nicht, das Kind mag heute überhaupt keine Socken anziehen, und das grüne Dinoleiberl auch nicht.

Das Kind ist ein liebes Kind, aber irgendwie nicht kooperativ. Das Kind trödelt. Es wirft sich auf den Boden. Es spuckt den Frühstückskakao aus. Zu heiß, heult es. An manchen Tagen ist eben auch lauwarmer Frühstückskakao heiß. Das Kind mag nicht aus dem Haus. Nicht sofort, nicht schnell, es muss zuerst noch seine Autos in der Duplo-Garage parken. Alle. Den roten Traktor auch. Wo ist der rote Traktor? Das Kind weint, weil der rote Traktor nicht auffindbar ist. Hier, nimm das Feuerwehrauto, sagt die Mutter (rot ist rot, denkt sie sich), aber das Kind bleibt untröstlich. Das Kind ist leider nicht flexibel. Das Kind ist ein Kind.

Das Kind müsste Disziplin lernen. Ordnung. Planung. Wenn schon die Firma ungeplante Meetings ansetzt, darf nicht auch noch das Kind die ganze Ordnung über den Haufen werfen.

Vielleicht ist das Kind ja krank? Auf die Gesundheit des Kindes ist nämlich kein Verlass, dauernd fängt es sich im Kindergarten irgendwelche Viren und Keime ein, das haut dann die beste Organisation zusammen. Oder vielleicht ist eine Organisation, die sich von ein paar Viren und Keimen zusammenhauen lässt, eben doch nicht die beste? Kein Plan B, C und D in Reserve? Es genügt doch wohl, dass sich Kunden, Lieferungen, Umsätze oder EDV-Abstürze nicht an die Pläne halten, da muss man sich nicht auch noch von Kinderkrankheiten tyrannisieren lassen!

Das Vereinbarkeitsdilemma wird gelöst sein, sobald die Kindergärten flexiblere Öffnungszeiten anbieten, sagt der lösungsorientierte Politiker. Er glaubt, flexible Öffnungszeiten bringen flexible Kinder mit sich. Er glaubt, das flexible Kind lässt sich blockweise betreuen und blockweise irgendwo ablagern. Geht's der Wirtschaft gut, geht's uns allen gut. Das Kind soll Prioritäten lernen. Vor allem aber glaubt er, dass ihn das ganze Vereinbarkeitsgeschwafel nicht wirklich was angeht, deswegen möchte er es kurz, schnell und schmerzlos hinter sich bringen.

So viele teilzeitarbeitende Frauen. Machen sich halt ein bequemes Leben. Wollen morgens nicht so früh aus dem Haus gehen und abends nicht spät heimkommen und lieber das Leben genießen, als werktätig zu sein. Hm. Vielleicht möchten sie aber auch nur die Kinder nicht gar so früh aus dem Haus zerren und dauernd antreiben und verrotzt im Kindergarten abliefern, wenn sie verrotzt sind, und sie am Abend womöglich als Letzte wieder abholen? Vielleicht – oder nein: ziemlich sicher möchten sie sehr wohl in ihrem Beruf arbeiten, schon gar, wenn sie was Qualifiziertes gelernt haben und ausreichend Geld verdienen, aber halt nicht um den Preis, sich immer wieder über die Bedürfnisse ihrer Kinder hinwegsetzen zu sollen.

Kann es sein, dass irgendwas nicht stimmt mit einer Arbeitswelt, die Leistung als Gegensatz zu einem guten Leben definiert, in dem auch Zeit ist zum Innehalten und Luftholen und Rücksichtnehmen?

Kann es sein, dass ständig gelogen wird bei all den Bekenntnissen zum Kindeswohl, das uns allen angeblich über alles geht, während in Wirklichkeit die Kinder als lästige Bremsklötze gelten? Selber schuld, wer sie sich um den Hals hängt, aber bitte keine Einschränkungen bei Effizienz und Verfügbarkeit.

Sollen sich die Mütter halt an Männer halten, die effizient und verfügbar sind (nein, nicht daheim verfügbar, sondern rund um die Uhr für die Firma), denkt der lösungsorientierte Politiker, und laut sagt er: Kindeswohl! Heile Welt! Familie! Bonus! Seine Welt ist ohnehin eine, in der fesche Singles ihren Lebenstraum der Selbstoptimierung leben, die Fortpflanzung und ihre Folgen sind nicht sein Revier, sollen sich doch diejenigen damit herumschlagen, die sich unbedingt fortpflanzen wollen.

Jetzt mach schon, komm schon, wir sind zu spät dran, sagt die Mutter, sie arbeitet zwar Teilzeit, aber nicht wegen einer ausgewogenen Life-Work-Balance, sondern weil sie keinen anderen Job kriegt (so ist das nämlich, vor allem, wenn man keine qualifizierte Ausbildung hat), und ihre Arbeitszeiten nehmen wenig Rücksicht auf die Bedürfnisse des Kindes, ganz im Gegenteil. Dabei hat sie noch Glück, dass sie nicht in eine der Filialen nach Wien pendeln muss. Der Bus dorthin geht um vier Uhr früh. Was würde sie dann erst tun?

Das Kind lässt sich von der Mutter ziehen, es bewegt sich wieder einmal in Zeitlupe, Herrgott, muss es denn derart kindisch sein? Eigentlich: ja. Aber wen interessiert das schon?

Zwangsjacke

Januar
6
2019

Margot ist ausgerutscht. Kann jeder passieren.
Aber hallo! Margot ist 78!

Das neue Jahr hat für Margot eher blöd begonnen, weil sie in der Dusche ausrutschte, gegen eine Kante knallte und sich zwei Rippen prellte. Das hätte jeder passieren können, aber Margot ist 78, und alles, was ihr passiert, wird von ihren Kindern mittlerweile daraufhin untersucht, ob es ihr passiert, weil sie 78 ist, und das Ergebnis ist immer dasselbe: Ihre Kinder kommen zu dem Schluss, dass Margot zu alt ist.

Zu alt zum Duschen? Nein, aber vielleicht zu alt, um allein zu duschen. Oder zu alt, um allein aus der Dusche zu steigen. Und auf jeden Fall zu alt, um nach dem Duschen ein fetziges Outfit überzustreifen und auszugehen.

Deswegen wird Margot es den Kindern verheimlichen, dass sie sich die Rippen geprellt hat. Zu viel erwartbares Gezeter. Die Kinder würden versuchen, sie unter Hausarrest zu stellen. Wieder einmal. Margots Kinder sind sehr besorgt. Deswegen beobachten sie akribisch, ob Margot Anzeichen von Altersschwäche und/oder Demenz zeigt. Sie haben Angst. Angst um Margot und Angst davor, dass Pflege auf sie zukommt.

Wer suchet, der findet. Margots Kinder finden Anzeichen von Altersschwäche und Demenz bei Margot, weil sie entschlossen sind, jede Schwäche und jede Vergesslichkeit auf die Goldwaage zu legen und im Sinne ihrer Befürchtungen zu interpretieren. Sie tun das, wie gesagt, nicht aus Böswilligkeit, sondern aus Besorgnis, aber letzten Endes wollen sie, dass Margot kein Risiko eingeht.

Margot soll nicht auf Leitern steigen. Margot soll abends daheim bleiben. Margot soll nicht mehr Auto fahren. Margot soll keinen Wein trinken.

Margot trinkt Wein, fährt Auto (natürlich nicht eins unmittelbar nach dem anderen), geht abends weg und klettert auf Leitern, beim Putzen oder um Bettwäsche aus dem Kasten zu holen. Das hat sie ein Erwachsenenleben lang getan, aber auf einmal ist ihr Verhalten pathologisch, zumindest nach Ansicht ihrer Kinder. Sie klettert jetzt auf Leitern aus greisenhafter Uneinsichtigkeit, finden ihre Kinder, ohne ihr jedoch sagen zu können, wie sie sonst putzen oder an ihre Bettwäsche kommen soll.

Margot leugnet nicht, dass ihr manches schwerer fällt als früher. Sie hat Probleme beim Öffnen von Schraubverschlüssen (Rhizarthrose!), kommt aus der Hocke vor dem Backrohr nur mit Mühe hoch und schafft es kaum, die jüngste Enkeltochter aus dem Babystuhl zu stemmen. Seltsamerweise können ihre Kinder darin keine natürlichen Folgen von altersbedingtem Verschleiß erkennen. Sie meinen vielmehr, dass Margot sich gehen lässt, und argwöhnen, hinter ihrer Unfähigkeit, das Gurkenglas ohne Drehhilfe zu öffnen, stehe ein Appell. Margot will, denken sie, mit dieser vorgeblichen Unfähigkeit ihre Umgebung dazu bringen, ihr lästige Tätigkeiten abzunehmen.

Wenn Margots Kinder ihre Kinder nach einem Wochenende bei der Oma abholen und Margot schaut fix und foxi aus, dann erblicken die Kinder darin einen latenten Vorwurf, den sie nicht auf sich sitzen lassen wollen. Stattdessen drehen sie den Spieß um und seufzen ihrerseits vorwurfsvoll: Zwei Tage mit den Enkeln sind ihr anscheinend schon zu viel, wie gibt's denn sowas?

Insgesamt läuft es darauf hinaus, dass die Kinder Margots Älterwerden einerseits verdrängen, andererseits aber um das Wissen darum nicht herumkommen. Für Margot bedeutet das: Wenn sie behauptet, dass es ihr zu viel ist, die ganze Familie an Feiertagen zu bekochen, dann darf sie auch nicht darauf bestehen, Auto zu fahren oder sich die Nacht bei einer Marathon-Theateraufführung um die Ohren zu schlagen.

Nicht sie soll bestimmen, was sie kann und will oder nicht kann und nicht will, ihre Kinder fühlen sich aufgerufen, ihr diese Entscheidungen abzunehmen. Schließlich ist sie 78.

Lasst mich in Frieden, Herrgott, sagt Margot, aber ihre Kinder kontern: Und wenn was ist mit dir? Dann sind wir dran.

Ihre Kinder wollen nicht dran sein. Deshalb soll sie sich den Vorsichtsmaßnahmen fügen. Auch Margot will nicht, dass ihre Kinder drankommen, sie glaubt nur nicht, dass Vorsichtsmaßnahmen eine Sicherheitsgarantie sind. Ihr müsst mich nicht pflegen, sagt sie, aber das ist leicht dahingesagt. Was sollen die Kinder denn tun im Ernstfall? Sie im Stich lassen?

Um den Ernstfall zu verhindern, rufen die Kinder präventiv ständig die Vorstufe zum Ernstfall aus. Gern würden sie Margot an einem sicheren Ort verwahren, wo ihr der Gebrauch von Leitern untersagt wäre, nicht jedoch das Bekochen von Enkeln.

Zu dumm, dass es diesen Ort nicht gibt. So spielt Margot weiterhin täglich mit dem Feuer, indem sie aus dem Haus geht, die U-Bahn benützt, mit Menschen zusammentrifft oder scharf gewürzte Speisen zu sich nimmt, ohne Rücksicht auf mögliche Konsequenzen, obwohl sie doch wissen müsste, dass jegliche Konsequenz in ihrem Alter der Preis für verantwortungslosen Leichtsinn ist.

Was hast du, du atmest so komisch, fragt Margots Schwiegertochter. Sie ist eine scharfe Beobachterin. Nichts, gar nichts, versichert Margot und unterdrückt ein Wimmern, zu dem ihre stechenden Rippen sie zwingen wollen. Ganz bestimmt lässt sie sich nicht zu schonendem Sticken verdonnern, statt zur Demo zu gehen.

Januar
20
2019

Wir können uns das nicht mehr leisten!

Kein Geld zu haben, ist eines. Es auszusprechen, ein anderes.

Eines Abends passierte Cornelia dieser blöde Fehler. Die anderen redeten über den Yosemite-Nationalpark und darüber, ob man nicht einmal die Route Number One von L.A. hinauf nach San Francisco fahren sollte, und Cornelia erwiderte, befragt, ob sie und Robert mitkämen: „Nein, leider nix für uns."

„Ach, echt", staunte Trixi, die zuvor über die von Frank Lloyd Wright erbauten Häuser in Kalifornien doziert hatte, „Architektur interessiert euch nicht?"

Nachher dachte Cornelia, es wäre vielleicht besser gewesen, wenn sie sich als Architekturmuffel geoutet hätten, aber erstens trifft das nicht zu, und zweitens hatte sie keine Lust, sich von Trixi als Kulturbanausin abstempeln zu lassen. Deshalb sagte sie spontan (ja, ja, unüberlegt, wie Robert ihr zu Recht vorwirft): „Doch. Aber wir können uns das nicht mehr leisten."

Dicke Stille. Mit Händen zu greifen. Danach redeten alle klingelnd los, hastig, um die Peinlichkeit zu überspielen. Susanne holte sogar ihre Großmutter aus der erzählerischen Versenkung, eine Frau, die mit ihr, als sie ein Kind war, Entdeckungsspaziergänge durch die Wiener Innenstadt unternommen habe. Moral: Sieh, das Gute liegt so nah.

Aber die Stimmung war im Arsch. „Doch, das muss man so drastisch sagen", behauptet Robert.

Seitdem merkliche Distanz. Irgendwie.

Na ja, sie werden schon noch eingeladen, wäre ja auch lächerlich, wenn nicht. Aber die anderen haben mittlerweile eine Art Insiderton entwickelt, der Cornelia und Robert nicht mit einschließt. Sie reden zum Beispiel über Madrid, von wo zwei gerade zurückkommen und wohin zwei andere demnächst fliegen, und dabei überbieten sie einander mit Infos und Geheimtipps – so, dass man merkt, hier sind echte Auskenner am Wort. Cornelia und Robert waren auch schon in Madrid, aber das ist lange her, ihre Geheimtipps sind sicher überholt, und was sollten sie mit neuen wohl anfangen? Weshalb sie rasch merken, dass ihre Beteiligung am Madrid-Austausch nicht vorgesehen ist.

So Kleinigkeiten halt. Daran spüren sie, dass sie Außenseiter geworden sind, sagen Robert und Cornelia.

Neulich kam die Rede auf die Monet-Ausstellung, und wieder haben alle über Robert und Cornelia drübergesprochen, als sei von ihnen keine kulturelle Neugier mehr zu erwarten, nicht einmal, wenn sie daheim befriedigt werden kann. Andererseits, ihre Konzertabos – in der Heimatstadt – haben sie ja tatsächlich aufgegeben, sagt Robert, so gesehen liegen die anderen also nicht ganz falsch.

In Wirklichkeit konnten er und Cornelia schon seit langem nicht mithalten mit den meisten der anderen, das war kein Geheimnis, aber nie hat es jemand zum Thema gemacht. Warum musste Cornelia auf einmal ungeniert das Armutschkerl raushängen lassen?

Nicht mithalten zu können, ist eines; es laut zu sagen, ein anderes. Knapp bei Kasse zu sein, ist keine Schande, aber man spricht nicht darüber. Noble Armut ist diskret. Verschämt. Manierlich.

Wobei das Wort Armut ja wohl total unangemessen ist in Bezug auf Cornelia und Robert. Wenn sie wirklich arm wären, würde man bestimmt nicht zögern, ihnen zu helfen. Aber so? Was stellen sie sich vor? Dass man zusammenlegt für ihre Reisekosten in die USA?

Hätte Cornelia seither den Mund gehalten, wäre die ganze Sache vielleicht längst vergessen. Über einen einmaligen Ausrutscher kann man hinwegsehen. Aber nein, sie tut munter weiter (zu Roberts Missfallen, das muss man gerechtigkeitshalber festhalten). Es scheint ihr inzwischen geradezu Spaß zu machen, das Konsumverhalten der anderen mit ihrem eigenen zu vergleichen. Toller Mantel, von wo? Ach so, hab vergessen, dass du ja bei Max Mara kaufst. Was? Nein, vergiss es, ist mir auch reduziert zu teuer. Ich bin mehr der H&M-Typ. Falsches Lachen.

„Sie lacht", sagt Silvia, „aber du kannst den blanken Neid dahinter spüren. Und dann, H&M-Typ, von wegen. Noch nie hab ich Cornelia bei H&M gesehen, das sagt sie nur mir zufleiß. Ich bin noch so blöd und komme ihr entgegen und fasle was von Sale, aber nein, das reicht ihr nicht, sie muss mich als Luxuskuh hinstellen."

„Wir können doch nix dafür, dass sie in Teilzeit gedrängt worden ist und ihm niemand mehr was abkauft", sagt Christian. „Aber es hört sich an, als wären wir schuld."

Und Christiane sagt: „Ich habe keinen Bock auf Gejammer, man muss positiv denken."

Doch bedeutet kein Geld zu haben, dass man negativ denkt, oder heißt es einfach nur, dass kein Geld da ist? Und ist es gleich Jammern, wenn Cornelia nicht so tut, als wäre doch Geld da?

Knifflige Fragen, niemand mag sie beantworten. Stattdessen verweist Trixi auf unseren Bundeskanzler, der Kürzungen im Sozialbereich für eine Maßnahme hält, die Menschen „stark macht", statt sie „in Abhängigkeit zu halten". Cornelia und Robert sollten sich das, sagt sie, hinter die Ohren schreiben und ihren Geldmangel als Anstoß zum Starkwerden sehen. Alte Weisheit: Zwinge einen Bloßfüßigen, über Glasscherben zu gehen, und es wachsen ihm Flügel. Falls nicht, hat er eine tolle Chance nicht ergriffen.

An die Kandare

März
10
2019

Eine behindertengerechte Gesellschaft entsteht nicht aus dem Zwang, schwerst geschädigte Kinder zu gebären.

Ist die Frau ein eigenständiger Mensch mit einem Anspruch auf ein eigenes, selbstbestimmtes Leben, oder – ab dem Moment, in dem sie schwanger wird – nur noch Gefäß für das neue, heranwachsende Geschöpf, mit der Verpflichtung, es auszutragen, zur Welt zu bringen, großzuziehen und ein Leben lang verantwortlich zu begleiten? Das ist die Kernfrage bei der Abtreibungsdebatte, die wir offenbar immer wieder von Neuem führen müssen, weil bestimmte Gruppierungen die bedingungslose Fortpflanzung als göttlichen Auftrag oder als Mittel zur territorialen Herrschaft sehen und es nicht ertragen, dass ihre Sichtweise nicht die einzig zulässige sein soll.

Zurzeit – profil berichtete darüber – wird das Match gerade über die Bande des Spätabbruchs gespielt. Eine Bürgerinitiative möchte ihn generell verbieten lassen. Außerdem fordert sie eine verpflichtende Bedenkzeit vor Abbrüchen innerhalb der Frist, in der der Eingriff straffrei ist. Diese Initiative wird – und das ist das Alarmierende – von türkisen und blauen Regierungsmitgliedern unterstützt. Ein breites Gegenbündnis aus Frauenvereinigungen, der SPÖ, den Grünen und der Liste Jetzt fürchtet deswegen um die Fristenregelung, die seit 1975 dafür sorgt, dass Frauen in Österreich Schwangerschaftsabbrüche nicht mehr mit schweren gesundheitlichen Schäden oder gar mit dem Leben bezahlen müssen.

Denn wie strikt Frauen auch dazu verurteilt werden, um

jeden Preis gebären zu sollen, es gibt immer welche, deren Verzweiflung über eine unerwünschte Schwangerschaft die Furcht vor einem illegalen (und entsprechend gefährlichen) Abbruch übersteigt. Das geht in manche Köpfe nicht hinein, aber die Frauen selber sehen sich mitnichten als willenlose Gefäße, und es ist ihnen nur zu klar, dass Mutterschaft eine lebenslange Verpflichtung bedeutet, die unfreiwillig eingegangen zur kaum erträglichen Bürde werden kann.

Die Ignoranz, mit der selbst ernannte Lebensschützer und -schützerinnen sich über das (künftige) Leben der Schwangeren hinwegsetzen, als sei es vollkommen bedeutungslos im Hinblick auf die Leibesfrucht, hat schon etwas Atemberaubendes.

Es wird mit fiesen Mitteln gearbeitet. Die Tatsache, dass bei besonders schweren Beeinträchtigungen des Fötus ein Abbruch – nach strenger Prüfung der Situation und unter strengen Auflagen – noch nach der 12-Wochen-Frist erlaubt ist, wird als Symptom für eine behindertenfeindliche Gesellschaft hingestellt, und es wird so getan, als fänden zahlreiche Spätabbrüche statt, weil bequeme Mütter keine unbequemen Babys wollten. Zu wie vielen Spätabbrüchen es tatsächlich kommt, ist statistisch nicht erfasst, woraus die Gegner dieser sogenannten eugenischen Indikation auf eine möglicherweise große Dunkelziffer schließen. Man könnte aber auch davon ausgehen, dass schwere Fehlbildungen von Föten eher eine seltene Ausnahme sind, was dann logischerweise auch auf späte Abbrüche zutreffen würde.

In Deutschland wurde die eugenische Indikation abgeschafft, dort können späte Abbrüche nur noch aus medizinischen Gründen durchgeführt werden, zu denen auch die Gefährdung der psychischen Gesundheit der Schwangeren gehört. Was nach Rücksichtnahme auf die Schwangere aussieht, erhöht jedoch den Druck auf sie noch einmal, denn nun steht nicht mehr die Beeinträchtigung des Fötus zur Debatte, sondern nur noch ihre „psychische Gesundheit“, sprich ihre Bereitschaft, einen schwer geschädigten Fötus auszutragen und ein schwer geschädigtes Kind zur Welt zu bringen, um es so lange zu pflegen, wie es am Leben bleibt. Auch damit wäre, wenn Österreich dem deutschen Beispiel folgte, der Diffamierung von Frauen Tür und Tor geöffnet, die diese Bereitschaft nicht zeigen.

Bleibt die Frage: Warum? Was treibt die BetreiberInnen der Bürgerintiative #fairändern an, ihren Kampf gegen die Fristenlösung auf dem Umweg über die Abschaffung des Spätabbruchs (egal, ob aus eugenischer oder medizinischer Indikation) zu führen?

Tatsächlich das behauptete Ideal einer behindertenfreundlichen Gesellschaft – oder doch nur der Wunsch, die Weiber wieder zum Kuschen zu bringen?

Eine behindertengerechte Gesellschaft entsteht nicht aus dem Zwang, Frauen schwerst geschädigte, unter qualvollen Schmerzen leidende Kinder zur Welt bringen zu lassen. Sie braucht Rahmenbedingungen, und wer sie will, muss diese Rahmenbedingungen schaffen. Davon ist nicht viel zu sehen. Stattdessen die Drohung, dass jetzt aber endlich Schluss sein muss mit der Möglichkeit, als Frau einem unglücklichen Schicksal auszuweichen, statt es duldsam hinzunehmen.

Denn darum geht es: Frauen die Selbstbestimmung abzusprechen. Die Forderung nach einer verpflichtenden Bedenkzeit im Rahmen der Fristenregelung suggeriert, dass sie zum Nachdenken erst gezwungen werden müssen. Noch verwegener die Vorstellung, eine Schwangere, die sich schon auf ihr Baby freut, würde sich ohne Notwendigkeit zu einem Spätabbruch entschließen.

Die Intention ist klar: Frauen an die (Fruchtbarkeits-)Kandare! Wir sollten uns bereithalten, dagegen Sturm zu laufen.

Der tägliche Irrsinn

April
28
2019

Manchmal bin ich einfach nur verdammt müde.
Und sauer. Und wütend.

Gerade habe ich wieder eine Petition unterschrieben. Darin wird um Gnade gebettelt für eine Frau, die im Gefängnis sitzt, weil sie Menschenrechte für Frauen eingefordert hat. Wenn die Petition nichts bewirkt (was zu befürchten ist), bleibt sie viele Jahre eingesperrt, sofern sie die Peitschenhiebe überlebt, die ihr ebenfalls drohen.

Ständig unterschreibe ich solche Bittgesuche. Ständig lese ich von neuen oder alten Schikanen gegen Menschen, deren einziges Verbrechen darin besteht, eine Frau zu sein und sich dagegen ausgesprochen zu haben, dass Frauen schikaniert werden.

Ich unterschreibe Petitionen und Aufrufe, weil in irgendeinem Teil der Welt schon wieder Frauen dafür bestraft werden sollen, dass sie etwas so Selbstverständliches möchten wie ein Bankkonto eröffnen, einen Passantrag stellen, ohne männliche Begleitung auf der Straße gehen oder für sich entscheiden, ob sie ihre Haare bedecken wollen. Irgendwo finden sich immer Machthaber, denen es ein dringendes Bedürfnis ist, Frauen zu verachten und diese Verachtung in Gesetze zu gießen.

Ich schlage die Zeitungen auf und lese: In Turkmenistan lauert die Polizei seit einem Jahr autofahrenden Frauen auf und nimmt ihnen auf Befehl des Präsidenten den Führerschein weg.

Na schau. Kaum dürfen sie sich in Saudi-Arabien ans Steuer setzen, wird es ihnen anderswo wieder untersagt.

Frauen als ständige Provokation. In Zentralasien, wenn sie Auto fahren. Hierzulande, wenn sie sich nicht damit zufriedengeben, dass sie eh Auto fahren dürfen. Was denn nicht noch!

Hört das nie auf? Was für eine irrsinnige Welt.

Ja, auch Männer werden verfolgt, eingesperrt, diskriminiert, um ihre Menschenrechte gebracht. Wegen ihrer Hautfarbe, ihrer ethnischen Zugehörigkeit, ihrer Religion, ihrer Weltanschauung, ihrer politischen Aktivitäten, aber nie ausschließlich deshalb, weil sie Männer sind.

Doch die Diskriminierung von Frauen aus dem einfachen Grund, dass sie Frauen sind, die zieht sich durch die Weltgeschichte und ist bis heute weltweit üblich. Keinem Mann wird das Autofahren verboten, weil er ein Mann ist, nirgendwo. Keinem Mann wird der Zugang zu Bildung verwehrt, nur weil er ein Mann ist. Kein Mann wird eingesperrt, weil er ein Mann ist. Von keinem Mann, dessen Freiheit beschnitten wird, wird behauptet, zum Ausgleich habe er ja die Möglichkeit, diejenigen, die seine Freiheit beschneiden, durch Sex zu manipulieren. Keinem Mann wird gesagt: Du darfst zwar ohne Erlaubnis nicht vors Haus, du darfst zwar nicht wählen, keine Geschäfte abschließen, öffentlich den Mund nicht aufmachen, aber dafür verfügst du über geheime häusliche Kräfte, mit denen du Einfluss nimmst auf deine Söhne, und wenn du das nicht als Äquivalent erkennst zu allem, was dir vorenthalten wird, dann bist du ein schlechter Mensch.

Frauen werden ganz selbstverständlich eingesperrt, in staatliche Gefängnisse oder in häusliche. Sie werden aus den gleichen Gründen diskriminiert wie Männer – wegen ihrer Hautfarbe, ihrer Ethnie, ihrer politischen Aktivitäten, aber dazu auch noch wegen ihres Geschlechts. Unterprivilegierte Männer sind unterprivilegiert, weil sie zu einer gering geschätzten Klasse oder Rasse gehören, unterprivilegierte Frauen sind es doppelt, weil zum Klassen- oder Rassenmalus auch noch der des Geschlechts kommt.

Das alles ist nicht neu. Es ist so alt und so normal, dass den meisten Leuten das große Gähnen kommt, wenn du es ansprichst. Und während niemand über diese geradezu banalen Selbstverständlichkeiten in der ganz normalen Welt reden mag, geht der ganz normale Irrsinn weiter, läuft nebenbei und unerbittlich das ganze Programm der Diskriminierung wieder und wieder ab, werden Frauen weltweit alltäglich in häuslicher Gefangenschaft gehalten, geschlagen, sexuell misshandelt oder wenigstens am Autofahren gehindert. Es ist normal und üblich, dass sie ungebildet bleiben, weniger zu essen kriegen, im Krankheitsfall nicht behandelt werden. Es gilt als abnormal, wenn sie sich dagegen wehren. Dann werden sie verfolgt, bestraft und getötet.

Die Iranerin, für die ich gerade eine Petition unterschrieben habe, hat sich für Frauen eingesetzt, die ihrerseits gegen den Hijabzwang protestiert haben und denen deswegen die Todesstrafe droht.

Wie konnte sich dieser ganze Wahnsinn etablieren? Und warum scheint er unabschaffbar? Nein, es liegt nicht an den Frauen, die sich halt nicht so viel gefallen lassen sollen. Etablierte Machtstrukturen, weltliche wie religiöse, zu zerschlagen, ist etwas, was man nicht achselzuckend den Unterdrückten überlassen kann. Denen fehlen die Mittel. Und wenn sie trotzdem aufstehen, ist ihr Scheitern oft vorprogrammiert.

An Stellen wie dieser kommen für gewöhnlich ermunternde Appelle. Den Mut nicht sinken lassen, weiterkämpfen, solidarisch sein – wir kennen die Litanei. Aber woher den Optimismus nehmen? Manchmal bin ich nur verdammt müde. Und sauer. Und wütend.

Große Autos

Juli
21
2019

Na gut, Individualverkehr. Aber warum in zivilen Panzerkreuzern?

Der Individualverkehr mit Kraftfahrzeugen muss eingeschränkt werden. Was immer an neuartigen Vehikeln erfunden wird, wurscht ob mit Strom, Wasserstoff oder demnächst vielleicht mit Essig und Öl in Bewegung gesetzt – sobald sie sich millionenfach auf den Straßen drängen, sind sie ein Problem. Aus Platzgründen, aber auch, weil offenkundig jeder Treibstoff, wenn er in großen Mengen bereitgestellt werden muss, die Umwelt belastet, sei es durch einen hohen Energieaufwand (mit oder ohne Schadstoffemissionen) bei seiner Erzeugung, sei es durch großflächige Eingriffe in die Natur mit dem Bau von Kraftwerken oder mit der Abholzung von Wäldern zum Anlegen riesiger Pflanzen-Monokulturen.

Natürlich wird man auf den Individualverkehr nicht zur Gänze verzichten können, und schon gar nicht von heute auf morgen. Aber was um Himmels willen bringt die Leute dazu, sich in Zeiten wie diesen immer größere, höhere, breitere, bulligere, furchteinflößendere Autos zuzulegen? Jeder zweite Pkw eine Kreuzung aus Panzer und Omnibus, ausgestattet, um Wüsten zu durchqueren, Flüsse zu durchfahren, Geröllhalden zu bezwingen, Schneewände niederzuwalzen. Warum? Kommt der schlaffe Typ im Anzug, der ächzend aus seiner Kampfkarre steigt, nachdem er damit zwei Plätze in der Tiefgarage besetzt hat, gerade von einer Alaska-Expedition oder doch nur aus seiner Terrassenwohnung in Wien-Mauer? Ist die perfekt gestylte Shopping-Queen, die auf High Heels zum Fahrersitz ihres gigantesken SUVs hinaufklettert, im Nebenberuf Bergbäuerin und muss normalerweise mehrere Kinder, einen Hund sowie Lebensmittelvorräte für drei Monate in unwegsames Gelände transportieren? Ich glaub's nicht.

Ich wohne im Süden von Wien, das Klima ist freundlich, die Hügel sind sanft und die Verkehrswege ausgebaut. Niemand muss sich hier von einem Ort zum anderen durchschlagen, weder sommers noch winters. Trotzdem dominieren auch hier Autos, deren Anblick vermuten lässt, dass es einer extrem unwirtlichen Gegend Rechnung zu tragen gilt.

Mein Wohnort selbst ist malerisch und seine romantischen Gassen sind schmal. In kleinen Autos könnte man sie spielend passieren. Aber wenn ich vorsichtig um die Ecken biege mit meiner unteren Mittelklasse auf vier Rädern, ist die Wahrscheinlichkeit hoch, dass mir ein Schlachtschiff entgegenwogt. Es füllt dann die gesamte Gassenbreite aus, und sein Fahrer erwartet, dass ich mich auf der Stelle in Luft auflöse oder doch zumindest eilends den Retourgang einlege, um seine Fahrbahn – die eigentlich auch die meine wäre – freizugeben. Die Botschaft ist klar: Kusch! Platz da! Ich mach dich platt! Ich wichtig, du niemand! Ich bedeutend, du eine Null!

Nun waren ja Autos schon immer auch ein Statussymbol. In meiner Jugend imponierten uns flotte Cabrios, und wir hätten unsere braven Käfer gern gegen einen kecken Triumph getauscht. Meine Klassenvorsteherin am Gymnasium, eine Dame kurz vor der Pensionierung und in puncto Outfit gefeit vor modischen Torheiten, träumte, wie sie uns gestand, von einem weißen Cadillac. (Natürlich hat sie nie einen besessen, ich weiß gar nicht, ob sie überhaupt einen Führerschein hatte.) Rolls-Royce war ein Synonym für Luxus, wenn man sich vorstellte, reich und berühmt zu sein, dann entstieg man in seiner Fantasie einem Rolls, um den jubelnden Fans zuzuwinken.

Derlei Autos waren teuer, glamourös, motorisch aufgebrezelt und unpraktisch, aber sie waren keine Kampfmaschinen. Auch den Limousinen, die gekauft wurden, wenn der finanzielle Aufstieg es zuließ bzw. dargestellt werden sollte, fehlte das Drohende, Martialische. Die Citroën-Flunder schwamm als harmloser Plattfisch im Verkehrsstrom, ihr breites Maul sah aus, als lächle es. Die Schlachtschiffe jetzt sind Kampfansagen, und wenn man ihnen ein Gesicht zubilligen wollte, dann ist es eines mit gefletschten Zähnen. Sie sind teuer und motorisch aufgebrezelt, aber nicht glamourös, und niemand kann sich darauf ausreden, dass er oder sie nicht weiß, was es für die Umwelt bedeutet, wenn zweieinhalb Tonnen Metall mit 160 Pferdestärken durch die Gegend gewuchtet werden.

Das ist der springende Punkt. Die Zeit der unschuldigen Ahnungslosigkeit ist vorbei. Mag sein, dass ein heutiger SUV im Vergleich weniger Sprit verbraucht und weniger Schadstoffe ausspuckt als ein Was-auch-immer seinerzeit, aber um den Vergleich mit früher geht es halt nicht. Sondern um den Vergleich mit anderen Autos, die man heute fahren kann, wenn man denn ein Auto braucht. Und dieser Vergleich zeigt den Fahrer/die Fahrerin des fetten SUV als Vertreter einer Spezies, der Mitmenschen nur insofern nicht scheißegal sind, als sie sich dazu eignen, rücksichtslos abgedrängt zu werden. Das beliebte Sicherheitsargument „Ich fahre ja nur so einen Wagen, weil die anderen auch einen fahren, und zwar wie die Irren“ ginge ins Leere, sobald die Straßen nicht mehr voll wären mit zivilen Panzerkreuzern. Aber die passen halt zu gut zur Rüpelmentalität der angesagten Ellbogengesellschaft.

Kinder haben

August
4
2019

Wirkt Elternschaft persönlichkeitsbildend?
Na ja, eigentlich schon.

Gelegentlich bin ich in makellosen Wohnungen zu Gast. Sie gefallen mir. Ich würde jederzeit in sie einziehen. Nur dass sie nicht makellos blieben, wenn ich sie bewohnte. Die makellosen Wohnungen sind perfekte Selbstdarstellungen geschmackvoller, kultivierter Persönlichkeiten. Gepflegte Fußböden aus schimmerndem Holz. Edle Sofabezüge. Mit Bedacht gehängte Bilder an fleckenlosen Wänden. Spiegelnde Fensterflächen. Kunstwerke, mit Sorgfalt platziert. Die Gebrauchsgegenstände von renommierten Designern entworfen.

Wow.

Ich halte mich eigentlich ebenfalls für eine geschmackvolle, kultivierte Person. Wie kommt es, dass sich bei mir Kitsch und Tand zwischen die Kunstwerke geschummelt haben, dass am Kühlschrank ausgebleichte Kinderzeichnungen kleben, dass sich auf der alten Truhe Spielzeugautos, Legosteine und Batmanfiguren türmen und dass die frischgeputzten Glastüren in den Garten schon wieder den fettigen Abdruck einer kleinen Hand zeigen? Na gut, vielleicht bin ich ja nur zu faul oder zu geizig, um die cremefarbenen Sofas zu kaufen, die in meinem makellosen Heim stünden, wenn ich eines hätte – vielleicht habe ich aber auch bloß keine Lust, meinen Enkelsohn permanent zu beäugen und zu ermahnen, damit er die cremefarbene Pracht nicht befleckt?

Makellose Domizile stehen meiner Erfahrung nach in einem gewissen Widerspruch zur Lebensweise von Kindern und Jugendlichen. Mit Kindern und Jugendlichen zu leben heißt: weniger Selbstinszenierung, mehr Pragmatik. Und: weniger Selbstbestimmung, mehr Kompromisse.

Sie wolle nicht von lauter kinderlosen Karrieristen regiert werden, sagte NEOS-Chefin Beate Meinl-Reisinger kürzlich in einem Interview mit der „Kronen-Zeitung". Ui, das hat ihr aber Empörung von allen Seiten eingetragen! In den sozialen Medien, in Postings und in Zeitungskommentaren wurde sie durch die Gegend gewatscht. Kinder zu haben sei keine Qualifikation! Kinder würden PolitikerInnen nicht automatisch zu besseren Menschen machen! Meinl-Reisingers Sager sei eine Beleidigung für alle Kinderlosen, schon gar für diejenigen, die Kinder wollten und keine bekommen könnten. Politikerinnen lebten in privilegierten Verhältnissen, wenn sie Kinder hätten, führe das nicht zwangsläufig zu mehr Verständnis für die ganz normale Durchschnittsmutter. Und: Beinharte Karrieristen *mit* Kindern seien jetzt auch nicht gerade das Gelbe vom Ei.

Ach, Leute. Um all das ist es Meinl-Reisinger doch bestimmt nicht gegangen. Was sie gesagt hat, war erstens, dass es trotz Elternpflichten möglich sein muss, sich ins politische Geschehen einbringen zu können. Und zweitens, dass unter den Regierenden auch Menschen mit Kindern sein sollten.

Ja, das inkludiert durchaus die These, dass Elternschaft eine persönlichkeitsbildende Wirkung hat. Aber so ist es ja auch. Die Wirkung ist nicht immer gleich stark. Nicht alle Väter und Mütter nehmen die Verantwortung gleichermaßen an, die mit Kindern verbunden ist, und andererseits können hingebungsvolle Väter und Mütter ansonsten ganz schön ekelhafte Mitmenschen sein. Aber grundsätzlich hat es was für sich, dass ein Leben mit Kindern Eigenschaften und Verhaltensweisen hervorruft, die man nicht braucht, wenn man nur sich selbst und allenfalls einem erwachsenen Partner / einer erwachsenen Partnerin verpflichtet ist.

Der Babyblues, der viele Mütter auch nach der Geburt eines Wunschkindes vorübergehend befällt, hängt mit der Erkenntnis zusammen, dass nichts mehr so ist, wie es war. Ein Kind zu bekommen, bedeutet Aufgabe von Selbstbestimmung, bedeutet, auf die Bedürfnisse einer anderen Person nicht nur einzugehen, sondern sie, wenn nötig, über die eigenen zu stellen, bedeutet, für einen Menschen verantwortlich zu sein, der für eine ganze Weile hilflos und von einem abhängig sein wird. Das ist eine gewaltige psychische Umstellung. Mit einem Kind zu leben bedeutet, Geduld zu entwickeln, das eigene Tempo zu drosseln und sich damit abzufinden, dass man Vorhaben nicht unbedingt sofort zielstrebig in die Tat umsetzen kann. Das ist nicht immer leicht auszuhalten, schon gar nicht, wenn man gewohnt war, zügig und effizient vorzugehen. Der Alltag mit Kindern ist nur begrenzt planbar und straff organisierbar. Aber in der Regel erwirbt man dabei Flexibilität und Frustrationstoleranz. Und man übt, Erwartungen der Realität anzupassen. Lauter Lernprozesse, die PolitikerInnen nicht schaden würden. Nein, Kinder machen aus Eltern keine besseren Menschen, aber sie verändern sie, weil Elternschaft spezifische Erfahrungen mit sich bringt.

Natürlich gibt es auch Menschen, die zwar Kinder in die Welt gesetzt haben, aber nichts daraus lernen, Väter, die in patriarchaler Tradition auf ihre Karriere fixiert sind und das Leben mit den Kindern ihren Frauen überlassen, oder Mütter, die den Nachwuchs an Personal und in Internate auslagern. Die sind nicht gemeint. Aber die anderen sollten, jawohl, in einer Regierung unbedingt vertreten sein.

Die Tugend der Selbstüberschätzung

September
15
2019

Wann haben wir angefangen, einen Hang zur Hybris als besondere Qualifikation zu sehen?

Der Bewerber, schreibt einer der Personalberater in seinem Gutachten, sei eine „smarte und kommerziell versierte Persönlichkeit, die über eine unternehmerische Grundeinstellung verfügt und bereit ist, entsprechende Verantwortung zu übernehmen". Er propagiere einen verbindenden und kooperierenden Arbeitsstil und habe gezeigt, dass er zwischen Abteilungen koordinieren und Netzwerke aufbauen könne. Außerdem habe er Erfahrung mit „kontroversiellen Shareholder-Konstellationen" und sei diesbezüglich stressresistent.

Allerdings sei er noch in keiner umfassenden Finanz-/CFO-Verantwortung in einem Großunternehmen tätig gewesen und habe sich nur in „eingeschränktem Umfang mit Rechnungswesen, Controlling, Treasury und IT befasst". Sein sehr selbstbewusstes und bestimmtes Auftreten eröffne zudem die Gefahr, „blinde Flecken" im eigenen Erfahrungsprofil „nicht ausreichend zu würdigen".[14]

Was heißt das? Ich übersetze es mir so: Dem Bewerber, der Finanzvorstand eines großen Unternehmens werden möchte, fehlt es eigentlich an Kernkompetenzen für diesen Job. Rechnungswesen, Controlling, Treasury, IT – nicht so ganz seins.

Dafür ist er umtriebig und gut im Verwerten von Kontakten, und wenn die Aktionäre streiten, geht ihm das sonstwo vorbei.

---

14 „Training on the Job im Casinos-Vorstand", Der Standard, 23.8.2019

Vor allem aber ist er gut darin, sich über alle Maßen gut zu finden.

Der Headhunter hat Bedenken, was die Eignung des Bewerbers für den wichtigen Posten betrifft. Sie werden jedoch nicht berücksichtigt, der Kandidat wird auf Betreiben der politischen Partei, der er angehört, inthronisiert.

Ja, gemeint sind der FPÖ-Günstling Peter Sidlo und seine Bestellung zum Finanzvorstand der Casinos Austria AG, aber worum es mir hier geht, das ist die neue Tugend der Selbstüberschätzung. Der Headhunter findet zwar, dass Sidlo es damit ein wenig übertreibt, aber grundsätzlich vermerkt er es als Pluspunkt, dass der nur partiell geeignete, jedoch smarte Bewerber über eine unternehmerische Grundeinstellung verfügt und bereit ist, entsprechende Verantwortung zu übernehmen.

Da tu ich mir mit dem Nachvollziehen schwer. Wenn sich einer zutraut, die Verantwortung für eine wichtige Aufgabe zu übernehmen, ohne in vollem Umfang über das nötige Rüstzeug dafür zu verfügen – ist das dann eine Qualifikation oder doch eher ein Symptom für eine megalomanische Persönlichkeitsstruktur? Und wann haben wir eigentlich angefangen, in einem Hang zur Hybris einen wünschenswerten Zug zum Tor zu sehen, egal wo der Ball am Ende landet?

Soll heißen: Was ist aus der guten alten Tugend der Bescheidenheit geworden? Nicht dass sie jemals eine sichere Erfolgsgarantie gewesen ist. Natürlich wurde sie auch gepredigt, um die Kleinen nicht groß werden zu lassen, und immer schon haben Rambos gute Chancen gehabt, sich durchzusetzen. Trotzdem. Wenigstens moralisch stand den Bescheidenen eine gewisse Anerkennung zu. Mittlerweile jedoch gilt die unbegründete Selbstsicherheit fast mehr als die begründete. Sich toll zu vermarkten, ohne was Substanzielles zu bieten zu haben, das ist die wahre Kunst. Und je mehr sich diese

Ansicht gesellschaftlich verfestigt, desto mehr aufgeblasene Unsympathler ziehen wir heran.

Pädagogik zwei-Punkt-null: Bestärken, bestärken, bestärken! Ja, schon, nur: worin? Darin, dass der Glaube an sich selbst Wissen und Talente ersetzt? Selbstvertrauen ist gut. Aber dieses Du-kannst-alles-wenn-du-nur-willst-aus-dir-kann-alles-werden-was-du-dir-vorstellst-Gelaber, das liebende Eltern mittlerweile gebetsmühlenartig von sich geben, nervt. Und es stimmt nicht. Aschenbrödels Schwestern haben ihre Schuhnummern zwar tapfer ignoriert, doch ruckedigu, am Ende hatten sie keine Zehen bzw. Fersen, und der Prinz war dennoch perdu. Nicht, dass es überhaupt um das Ergattern von Prinzen ginge, die Metapher will etwas anderes sagen, nämlich, dass ein wenig Realitätssinn gelegentlich nicht völlig unangebracht wäre.

Vielleicht ist es für ein Kind ja zumutbar, der Tatsache ins Auge zu sehen, dass es nicht in allem der oder die Größte ist? Und sollte es nicht zumindest „Hänschen klein" halbwegs richtig singen können, ehe es darauf besteht, die Chorleiterin von der Bühne zu schubsen und ihren Platz einzunehmen?

Man muss diese Frage nicht zuletzt im Hinblick auf die langfristigen Folgen für alle stellen. Wenn wir Anmaßung und Vermessenheit weiterhin als bewunderungswürdiges Selbstbewusstsein propagieren, dann liefern wir uns endgültig der Herrschaft inkompetenter Idioten aus. Sind schon ziemlich viele am Ruder, das stimmt, aber noch können wir gesellschaftliche Richtlinien auch korrigieren.

Dass gerade die FPÖ immer wieder Führungskräfte installiert, deren Führungsanspruch auf einer waghalsigen Selbstwahrnehmung beruht, ist bekanntlich kein Zufall, gehört es doch zu ihrer Strategie, etwaigen Bildungsdefiziten einen brachialen Selbstwertanspruch entgegenzusetzen. Wer sie erneut an die Macht lassen möchte, bringt uns der Herrschaft der Inkompetenz wieder ein Stück näher.

Warum die ganze Familie?

Oktober
13
2019

Wann eine Bluttat verständlich ist. Und wann sie das begreifliche Ausmaß übersteigt.

Ein junger Mann wird von seiner Freundin verlassen. Zwei Monate später geht er im Morgengrauen zu ihrem Elternhaus, läutet an und erschießt nacheinander jede Person, die er zu Gesicht bekommt. Ihren Vater, ihren Bruder, ihre Mutter, und am Ende, als er in die Einliegerwohnung seiner Exfreundin eingedrungen ist, sie selber und ihren neuen Freund. Nachdem er fünf Menschen getötet hat, stellt er sich der Polizei. So geschehen in Kitzbühel am 6. Oktober.

Der polizeiliche Ermittler sagt (möglicherweise auf diesbezügliche Fragen der Presse), warum der Verdächtige „seine Aggression gegen die gesamte Familie gerichtet“ habe, sei unklar.

Warum gleich die ganze Familie? Diese Frage heißt im Klartext: Dass er die Exfreundin umbringt, wäre verständlich. Nur die Ermordung ihrer Angehörigen übersteigt das begreifliche Maß.

War sicher nicht bös gemeint. Also nicht in dem Sinn, dass man dem Mörder recht gibt, wenn er die Exfreundin tötet. Aber doch in dem Sinn, dass es nicht unüblich ist, eine Frau auszulöschen, die einem das Herz gebrochen hat. Unüblich ist nur die Übertreibung. Gleich die gesamte Familie!

Herz gebrochen. Gekränkter Stolz. Eifersuchtstragödie. Das sind die Begriffe, die von Polizei und Medien verwendet werden, wenn sich ein Mann zum Herrn über das Leben einer Frau aufschwingt. Und irgendwie klingt dabei durch, dass die Ermordete ihr Schicksal schon herausgefordert hat, als sie sich von dem Mann trennte.

Er hat es nicht verkraftet. Er ist mit der Zurückweisung nicht fertiggeworden. Er hat es nicht ertragen, dass sie jetzt einen anderen liebt. Zwar werden auch Frauen verlassen und leiden darunter, aber niemand rechnet damit, dass sie deswegen zur Waffe greifen. Bei Männern hingegen muss man einkalkulieren, dass sie sich nicht so einfach geschlagen geben. Ist natürlich verwerflich, wenn sie durchdrehen. Aber nicht überraschend.

Aus einer solchen Einstellung entsteht Gewalt gegen Frauen. Sie muss man bekämpfen, wenn man die Gewalt bekämpfen will. Ein anderes gesellschaftliches Verständnis muss her. Eines, demzufolge Trennungsschmerz keine akzeptable Erklärung für Mord ist. Eines, das Mord nicht als Ausdruck von Trennungsschmerz sieht, sondern als pathologische Machtausübung. Eines, demzufolge Machtausübung nicht selbstverständlich zum männlichen Rollenbild gehört. Und eines, das Schluss macht mit der Behauptung, dass sich ein ganzer Kerl „seine" Frau nicht „wegnehmen" lässt.

Kommt man einem gesellschaftlichen Konsens, der Männern letztlich eine erhöhte Gewaltbereitschaft zubilligt (ja, im Falle kriegerischer Auseinandersetzungen sogar abverlangt) mit der Androhung von höheren Gefängnisstrafen für Gewalttäter bei? Wohl kaum, denn auf Gewalttaten stehen schon seit ziemlich langer Zeit ziemlich hohe Strafen. Allerdings schöpft die Rechtsprechung den Strafrahmen meistens nicht aus. Vor der Gesetzgebung mögen Männer und Frauen gleich sein, für die Judikatur sind sie es insofern nicht, als dem Gewalttäter aufgrund des gängigen Männlichkeitsbildes immer wieder einmal mildernde Umstände zugestanden werden.

Diesem Männlichkeitsbild gilt es entgegenzuwirken. Es existiert in den Köpfen der Gewalttäter, in den Köpfen der

Rechtsprechenden, in den Köpfen von Männern und Frauen. Mit Strafandrohungen kommt man dabei nicht weiter, sie krempeln das gesellschaftliche Bewusstsein nicht um. Natürlich muss bestraft werden. Natürlich muss die Strafhöhe der Schwere des Delikts entsprechen. Aber das ist kein Ersatz für Bewusstseinsarbeit.

Einer, der glaubt, seine Exfreundin töten zu müssen, weil sie sich von ihm getrennt hat, lässt sich von Strafandrohungen nicht abschrecken. Er tötet, weil er seine Freundin als seinen Besitz ansieht. Er tötet, weil er als ganzer Mann dastehen will, der sich nichts gefallen lässt. Er tötet, weil er – wie auch immer – gelernt hat, dass ein Mann auf Kränkung mit Gewalt reagiert.

Dem „wie auch immer" müssen wir nachgehen, wenn wir Gewalttaten verhindern wollen. Wie und warum lernt einer, dass Gewalt notwendig ist? Und wie kann dieser fragwürdige Lernprozess unterbunden werden?

Die schreckliche Bluttat in Kitzbühel zeigt, wozu das neue Gewaltschutzgesetz taugt, das Türkis und Blau gegen alle Warnungen von Fachleuten durchgedrückt haben: zu nix. Denn es setzt nicht auf Prävention, sondern auf bloße Strafandrohung. Den Gewaltschutzeinrichtungen, die sich mit präventiver Bewusstseinsarbeit befassen, wurden von der Regierung Kurz die Mittel beschnitten. Stattdessen gibt es verschärfte Sanktionen im Ernstfall. Das fällt im Grunde unter Verantwortungslosigkeit. Denn Straferhöhung statt Prävention heißt: Man geht das Risiko ein, dass etwas passiert. Dafür darf man härter zuschlagen, sobald etwas passiert ist. Statt also potenzielle Gewalttäter vor der Tat zu stoppen, lässt man sie ins Verbrechen laufen, damit man sie dann publikumswirksam abstrafen kann. Sowas kommt vielleicht gut im Actionfilm, im realen Leben und als politische Strategie ist es unmoralisch.

Ein Hund für die Omi

Januar
4
2020

Wie gute Absichten total verkannt werden können.

Isabelle und Andreas haben der Omi, also Isabelles Mutter, zu Weihnachten einen Hund geschenkt. Einen entzückenden Welpen. Mia Salome und Anton Sarastro, im Folgenden kurz Mia und Anton, durften ihn aussuchen und ihm einen Namen geben. Sie haben ihn Rollo genannt. Kreativere Vorschläge zur Namensfindung (Skywalker, Dumbledore, Dumbledog) lehnten sie leider ab. Sind halt noch Kinder.

Rollo ist ein Mischlingsrüde und mit zwölf Wochen schon so groß wie ein ausgewachsener Mops, außerdem hat er riesige Pfoten. Er wird einmal ein stattlicher Bursche. Mia und Anton waren selig, als sie ihn mitnehmen durften, ausgelassen kugelten sie mit ihm in den Kinderzimmern herum, ein kleiner Missklang kam allerdings auf, als Rollo Mias Mama-Léa-Puppe aus Biobaumwolle in Windeseile in Fetzen riss. Sowas wird ihm die Omi noch abgewöhnen müssen, sagte Isabelle tröstend.

Die Omi war sehr überrascht von ihrem Überraschungsgeschenk, vielleicht reagierte sie deshalb so undankbar. Sie habe sich keinen Hund gewünscht, rief sie (in diesem Jammerton, für den sie berüchtigt ist), sie wolle keinen Hund, Isa und Andi sollten den Hund zurückgeben.

Mia und Anton brachen sofort in Tränen aus. Isa und Andi waren entsetzt. Was für eine Herzlosigkeit! Wie kann eine Großmutter ihren Enkeln sowas antun? Am Weihnachtsabend! Und wo bleibt die Vorbildwirkung? Sollen die Kinder lernen, dass man Tiere wie eine Ware behandelt, mit

Umtauschrecht? Und dass man eine einmal übernommene Verantwortung so einfach wieder abschütteln kann?

Die Omi blieb ungewohnt trotzig. Sie habe keine Verantwortung übernommen. Wenn sich die Kinder so sehr einen Hund wünschten, dann hätte das Christkind den Kindern einen Hund bringen sollen, nicht ihr!

Das Christkind hat dir den Hund gebracht, weil wir dadurch alle was davon haben, sagte Isa sanft.

Na klar, beharrte die Omi uneinsichtig, ihr habt den Hund, ich habe die Arbeit mit ihm.

Also so kann man es aber wirklich nicht sehen! Ja, Isa und Andi haben sich was gedacht, als sie beschlossen haben, ihr einen Hund zu schenken, doch bei allen ihren Überlegungen ging es ihnen nur um Omis Wohl! Na schön, um das der Kinder vielleicht auch, aber was spricht dagegen, das Großmutterwohl mit dem Enkelwohl zu verknüpfen? Die Omi sollte sich freuen, wenn eine gute Tat für sie auch was Gutes für ihre Enkel abwirft!

Folgendes haben sich Isa und Andi überlegt. Erstens: Ein Hund wird die Omi vor Einsamkeit bewahren. Sie gibt zwar vor, gesellig zu leben, aber Isa und Andi wissen, dass sie im Grunde einsam ist. Oder zumindest bald sein wird. Ihre Freundinnen werden sterben. Dann wird sie froh sein, einen treuen Gefährten um sich zu haben.

Zweitens: Ein Hund wird die Omi zwingen, täglich spazieren zu gehen. Das ist gesund.

Drittens: Die Omi benötigt eine Aufgabe. Den Hund zu versorgen, wird sie beschäftigen und ihr das Gefühl geben, gebraucht zu werden.

Viertens: Auch alte Menschen sollen dazulernen. Die Omi wird mit dem Hund zum Hundetraining gehen müssen, dadurch wird sie geistig und körperlich fit bleiben.

Fünftens: Den großen, kräftigen Rollo zu trainieren, wird

eine Herausforderung sein, aber hey, auch alte Menschen brauchen Herausforderungen! Außerdem ist ein großer Hund ein Beschützer. Ein kleiner Hund wäre peinlich, Andi würde mit so einem Fipsi nicht gesehen werden wollen.

Spazierengehen?, jammerte die Omi. Bei jedem Wetter?

In fünf, sechs Jahren, beruhigte Andi sie, kann dir das der Anton schon abnehmen. Gelegentlich.

Darauf die Omi: Fünf, sechs Jahre soll ich angehängt sein?

Angehängt! Sie ist immer so melodramatisch. Was versäumt sie denn schon? Wo sind die feschen Lebemänner, mit denen sie nicht an die Côte d'Azur jetten kann, weil sie mit Rollo um die Häuser traben muss?

Vielleicht lernst du ja beim Äußerlngehen einen attraktiven Hundehalter kennen, sagte Andi augenzwinkernd, als sie die Omi mit Rollo und den Resten vom Weihnachtsessen zurückließen.

Inzwischen hat sich herausgestellt, dass Rollo vielleicht doch keine so gute Wahl war. Er hört nicht auf, Spielsachen zu zerfetzen und zu zerbeißen. Er rennt die Kinder über den Haufen. Und statt dass er kommt, wenn Mia und Anton ihn rufen, läuft er zur Omi und legt sich ihr schmeichlerisch zu Füßen.

Ein Speichellecker, sagt Andi. Charakterlos, sagt Isa. Die Kinder schauen angewidert auf durchgekaute Legosteine und vollgesabberte Kuscheltiere.

Kürzlich hat Isa der Omi gegenüber angedeutet, dass sie nichts dagegen hätten, wenn sie Rollo eventuell weitergeben wollte. Vielleicht findet sich ja eine Hundeliebhaberin unter ihren Freundinnen?

Die Omi hat sich aufgeführt, als hätte man sie aufgefordert, Rollo zur Schlachtbank zu führen. Zeter und Mordio. Das arme Tier, kaum eingewöhnt und schon wieder verstoßen, wie stellt ihr euch das vor! Dabei wollte Isa ihr nur entgegenkommen. Das alte Lied: Ihrer Mutter kann man einfach nichts recht machen. Sie ist eine wankelmütige alte Frau. Andi sagt, wenn die Kinder sie wegen dem blöden Köter nicht mehr besuchen wollen, wird sie schön schauen. Aber das hat sie sich dann selbst zuzuschreiben.

Aus Nächstenliebe

Februar
16
2020

Pflegeberufe sind sinnstiftend. Das ist doch mehr wert als Geld. Sagen diejenigen, die von anderen pflegen lassen.

Immer wieder stoßen sich Leser (seltener Leserinnen) am Ausdruck *Care-Arbeit*, der auch in dieser Kolumne öfter vorkommt. Genauer gesagt stoßen sie sich am Wort *Arbeit* im Zusammenhang mit dem Begriff des *Sich-Kümmerns*. Weil: Was für eine herzlose Einstellung, das Umsorgen anderer als Arbeit zu sehen! Das macht man – oder vielmehr: frau – doch hoffentlich gern. Das ist einer doch ein Bedürfnis. Wohin kommen wir, wenn wir es als Arbeit ansehen, für unsere Lieben da zu sein?

Zwar sind die Zeiten vorbei, da man selbstverständlich davon ausging, dass Männer am Feierabend ein kühles Bier brauchen, während sich Frauen am besten beim Bügeln entspannen, und deswegen wird auch nicht geleugnet, dass Haushalt, Kinder- und Altenpflege ihre anstrengenden Seiten haben, aber nach wie vor hält sich in den Köpfen die Vorstellung, dass die Liebe zu den Angehörigen und die Liebe der Angehörigen jede Mühsal aufwiegt.

Diese romantische Hoffnung lässt den physischen und psychischen Verschleiß, der doppelt und dreifach belastete Frauen oft zeichnet, fröhlich außer Acht und überträgt sich vom familiären auch auf den professionellen Sektor der Care-Arbeit, die in der Wissenschaft nun einmal so heißt, ob es manchen Patriarchen gefällt oder nicht. Sinnstiftend sei sie, wird stets betont, man bekomme Dankbarkeit dafür.

Weil der ideelle Gewinn aus jeder Art von Fürsorgetätigkeit hoch angesetzt wird, glaubt man, die materielle Entlohnung knapp halten zu können. Das ist einer der Gründe, warum Frauen in einer Reihe sogenannter Frauenberufe – die aus der familiären Versorgungsarbeit hervorgegangen sind – so jämmerlich schlecht verdienen. Man setzt auf ihre Nächstenliebe. So, wie es der Mama ein Herzensbedürfnis sein soll, ihre Familie zu umsorgen, so soll es Frauen (und Männern) in Sozialberufen ein Herzensbedürfnis sein, sich um andere zu kümmern und aus der Sinnhaftigkeit ihres Bemühens die Befriedigung zu ziehen, die ihnen bei der Betrachtung ihres Kontostandes versagt bleibt.

Sobald die professionell Hegenden und Pflegenden jedoch aufbegehren und öffentlich Unzufriedenheit artikulieren, macht sich Enttäuschung breit. Weil: Dass Manager berechnend sind, gehört zu deren Job Description, aber doch nicht zu der von Reinigungskräften, KrankenpflegerInnen, Heimhilfen, KindergartenpädagogInnen! Von ihnen würde man sich Einsicht und Rücksichtnahme auf das große Ganze erwarten. Woher das Geld nehmen? Ist einfach keins da! Was da ist, sind Pflege- und Betreuungsbedürftige, ist Arbeit, die gemacht werden muss. Aber am Zaster fehlt es. Jedenfalls für diese Sorte ArbeitnehmerInnen. Können sie nicht einfach die Arbeit (über-)nehmen und Ruhe geben? Alles auf der Welt ist doch ein Geben und Nehmen, wie man weiß.

Aktuell fordern Österreichs Pflegekräfte, nicht zum ersten Mal, eine 35-Stunden-Woche bei vollem Gehalt. („Pfleger", schreiben Zeitungen übrigens, ungeachtet der Tatsache, dass die Mehrzahl der Pflegenden Pflegerinnen sind, denn der Frauenanteil in den Gesundheits- und Sozialberufen liegt bei über 70 Prozent. Wenn's um Belastung geht, dann denken wir eben an Männer.) 35 Wochenstunden Schwerarbeit – immer noch mühselig genug zu bewältigen, sollte man meinen. Schon jetzt schaffen viele Pflegekräfte ohnehin nur das

Stemmen eines Teilzeitjobs, nicht zuletzt wegen der geteilten Schichten. Die schauen so aus, dass eine Heimhilfe beispielsweise von sieben in der Früh bis eins zu Mittag arbeitet und danach noch einmal von fünf bis halb acht. Zwei Schichten, vier Wegzeiten, ein zerstückelter Tag. Und das – bei 25 Wochenstunden – für monatlich knapp 1050 Euro. Wer möchte tauschen?

Also. Alles, was die Pflegenden verlangen, sind drei Stunden weniger wöchentliche Arbeitszeit, ohne dass ihre bescheidenen Einkünfte beschnitten werden. Was sie kriegen, ist ungewiss. Weil: Wer soll das bezahlen?

Die Antwort ist eigentlich einfach. Wir alle werden das früher oder später bezahlen müssen, wenn wir die Pflege- und Betreuungsbedürftigen, die Kranken, die Invaliden und die Alten nicht einfach über Bord kippen wollen wie Ballast. Der medizinische Fortschritt lässt Kranke überleben, die früher jung gestorben wären, und schenkt uns insgesamt einen längeren Lebensabend. Eine schöne Sache an und für sich. Aber das bedeutet auch, dass die Zahl derjenigen wächst, die – in unterschiedlicher Form – Assistenz benötigen. Von wem soll sie kommen? Nein, bitte keine Zahlenflut, aus der hervorgeht, was nicht geht! Im Grunde gibt es nur zwei Möglichkeiten: Wir teilen, als Gesellschaft, unsere Gewinne so auf, dass wir uns anständig bezahlte Pflegekräfte leisten können, oder wir – siehe oben.

Aber bitte, wir können auch aufhören, über schnöden Mammon zu verhandeln, wenn es darum gehen soll, anderen Gutes zu tun! Probieren wir's. Meister, sage ich deshalb zum Chef meiner Autowerkstatt, jetzt im Ernst, wollen Sie wirklich von Arbeit reden, wenn Sie sich um meinen Wagen kümmern? Sie machen das doch gern, und ich bin Ihnen wirklich dankbar. Reicht Ihnen das nicht?

Überleben lassen

März
15
2020

Was ist, wenn zwei beatmet werden müssen, und es gibt nur ein Gerät?

Ich bin alt, und wenn ich Corona kriege und ein Arzt steht vor der Wahl, mich zu beatmen oder einen jüngeren Menschen, dann soll er den jüngeren Menschen retten. Das ist allgemeiner Konsens. Ich sehe ihn ein. Nur: Muss ich dann ersticken? Das passiert nämlich mit Menschen, die beatmet werden müssten und nicht beatmet werden.

Ich weiß, dass ich sterblich bin und dass mein Ablaufdatum unausweichlich näher rückt. Diese Erkenntnis ist nicht vergnüglich, anfangs revoltiert man dagegen und glaubt, dass die Vorsehung verpflichtet wäre, einem die Zeit zur Verfügung zu stellen, die man zur Realisierung aller noch nicht erledigten Vorhaben braucht, aber nach und nach stellt sich ein gewisses Maß an fatalistischer, in gewisser Weise sogar fröhlicher Resignation ein. Es kommt, wie es kommt. Bei mir zumindest ist es so. Ich akzeptiere also, dass ich Nachrang habe, wenn es um die Rettung von Leben geht, weil ich eh schon viele Jahre leben durfte und weil ich mich statistisch gesehen keine weiteren 25 Jahre nützlich machen werde. Ist vielleicht ein bisschen utilitaristisch argumentiert, doch ich verstehe die Prioritäten.

Aber ich möchte nicht ersticken. Ich möchte nicht verrecken. Ich möchte nicht elend zugrunde gehen. Ich möchte, wenn es mit mir zu Ende geht, umsorgt werden, gepflegt werden, getröstet werden, mit Schmerzmitteln vollgepumpt und beatmet werden , wenn ich Schmerzmittel und Sauerstoff brauche. Kein ungewöhnlicher Wunsch. Wir haben ihn alle. Aber wer wird ihn uns erfüllen, wenn das Gesundheitssystem am Limit ist? Schon bisher war der Bedarf an Palliativpflege größer als die Angebote.

Man kann sich ausmalen, wie viel Ressourcen dafür bleiben, wenn es einmal drunter und drüber geht.

Das macht Angst. Das macht allen Angst, doch Hinweise darauf, dass man zu einer Zielgruppe gehört, die im Bedarfsfall als Erstes abgeworfen werden wird wie Ballast, machen sie ein Stück größer.

Corona verläuft glimpflich bei den Jungen. Bei den Gesunden. Bei den gesunden Alten. Das sagen sich die jungen Gesunden und die halbwegs gesunden Alten zur Beruhigung. Die kranken Jungen und die kranken Alten sind nicht bloß beunruhigt, sie fühlen sich auch verletzt. Was soll denn das heißen: „Es sterben eh nur …"? Dass sie verkraftbare Verluste sind? Verkraftbar, na gut, vielleicht nicht für ihre Angehörigen, aber verkraftbar für die Gesellschaft, die Wirtschaft, den Fortschritt?

Zur Tatsache, dass sich Corona in Italien so vehement ausgebreitet hat und dass es so viele Todesfälle gibt, kursieren zwei Thesen. Erstens: Die italienische Modeindustrie beschäftigt massenhaft illegale ArbeiterInnen aus Fernost, vor allem aus China, die vom Gesundheitssystem nicht erfasst und nicht behandelt wurden, weil sie im Untergrund leben.

Und zweitens: In Italien ist es schon so weit, dass die moribunden Alten nur mangelversorgt werden können. Klingt leider nicht gänzlich unwahrscheinlich. Und stimmt sorgenvoll.

Was klagst du an?, fragt mich ein Freund. Dass nicht genügend Beatmungsgeräte zur Verfügung stehen? Und welche Lösung schlägst du vor?

Ich weiß nicht, ob nicht genügend Beatmungsgeräte zur Verfügung stehen, weil ich nicht weiß, wie viele zur Verfügung stehen müssten, damit wir für Notfälle gerüstet sind, und in gewisser Weise verstehe ich auch, dass schwer abzusehen ist, was in welcher Menge bei Pandemien vorhanden sein muss, weil sich deren spezielle Erfordernisse ja vorher nicht ankündigen.

Aber ich habe gehofft und hoffe noch immer, dass sich alle Verantwortlichen mit aller Kraft den Kopf darüber zerbrechen.

Sie sind es, die Lösungen finden müssen, und sie sollen dabei gefälligst nicht davon ausgehen, dass es Bevölkerungsgruppen gibt, deren Verlust halt in Kauf genommen werden muss. Das möchte ich. Und ich wünsche mir, dass die gesunden Jungen nicht in den Survival-of-the-Fittest-Modus gehen, sondern bedenken, dass das, was sie für die natürliche Auslese halten, auch Menschen treffen könnte, die ihnen nahestehen und wichtig sind.

Zum Trost finden sich in den sozialen Medien auch viele Wortmeldungen, die zu Solidarität mit den Schwachen und Alten aufrufen und dazu, ihnen praktisch zu helfen, also beispielsweise für Eltern, Großeltern und NachbarInnen einzukaufen, um ihre Ansteckungsgefahr zu minimieren.

Was freilich auf einen gewissen Widerstand seitens der Großeltern etc. treffen wird. Denn wir alle, die wir nicht mehr jung sind, neigen dazu, zu sagen: Also bitte, ich bin zwar alt, aber doch nicht sooo alt! Unsere Selbstständigkeit ist uns wichtig, jedenfalls den meisten von uns. Jedoch, wie wenig es uns auch freut, wir werden einsehen müssen, dass wir vorsichtiger zu sein haben, wenn wir zu einer gefährdeten Gruppe gehören.

Das heißt freilich keinesfalls, dass wir, falls wir doch erkranken, selber schuld sind. Und es heißt schon gar nicht, dass wir, weil wir angeblich selber schuld sind, schlecht behandelt werden dürfen. Krank zu werden, ist kein Versagen. Und Gesundheit ist kein Verdienst.

So still die Heldinnen

März
29
2020

Nicht klagen, Pflicht erfüllen, weitermachen, durchhalten – und für wen?

Wir schauen jetzt kurz zurück in eine partiell glückliche Zeit, da Corona noch nicht unser aller Bewusstsein beherrschte. Frauentag war, und weil wir nominell eine Frauenministerin haben, wurde sie aus diesem Anlass mehrfach interviewt, und dabei stellte sich heraus, dass sie keine Feministin sein will, weil sie, wie sie sagt, für ein selbstbestimmtes Leben von Frauen eintritt, was ja exakt zur Definition von Feminismus gehört, aber das darf frau anscheinend nicht wissen, wenn sie sich zum türkisen Weltbild bekennt. In einem dieser frustrierenden Interviews wurde die Ministerin auch genötigt, sich zur verdienstvollen Johanna Dohnal zu äußern.[15] Weil es nun nicht so gut angekommen wäre, wenn sie deren historische Bedeutung geschmäht hätte, griff sie zu einer kleinen, gemeinen List. Sie stellte Johanna Dohnal auf eine Stufe mit den vielen „stillen Heldinnen des Alltags". Die vielen stillen Heldinnen des Alltags preist man gerne dann, wenn es gilt, irgendeine aufgeblasene Person von ihrem Podest zu holen. Und natürlich wäre es im Prinzip notwendig, die Ungerechtigkeit des sozialen Rankings, das privilegierte Promis über vielleicht anständigere, aber verhaltensunauffällige Mitmenschen stellt, gelegentlich zu korrigieren und an die Verdienste derer zu erinnern, die sich nicht im Rampenlicht tummeln.

Nur dass das Loben der stillen Heldinnen sehr oft nicht aus Gründen der Gerechtigkeit geschieht, sondern dass Menschen,

15 Österreich, 8.3.2020

denen die stillen Heldinnen normalerweise total wurscht sind, sich ihrer meist ausschließlich zu dem Zweck erinnern, die Zielsetzungen einer weniger stillen Person zu diskreditieren.

So ist auch das Ministerinnen-Lob in Sachen Dohnal und stille Heldinnen zu verstehen. Doch gerade in diesem Zusammenhang war es außer perfide auch hochgradig unsinnig. Die Ministerin sagte nämlich wörtlich über Dohnal: „Sie hat Großartiges für Frauenrechte in Österreich geleistet. Wie auch die erste Ministerin Grete Rehor und viele stille Heldinnen des Alltags." Und das ist falsch. Die stillen Heldinnen des Alltags leisten Großartiges, aber Verbesserungen der Frauenrechte gehören nicht dazu. Als stille Heldinnen des Alltags versteht man Frauen, die unter widrigen Umständen mehr oder weniger klaglos funktionieren. Die (schlecht bezahlt) arbeiten, die Familie zusammenhalten, Kinder betreuen, Alte pflegen, mit wenig Geld auskommen, womöglich noch segensreich in der Nachbarschaft wirken, einspringen, wo es nottut. Frauen, denen gedankt werden muss. Aber nicht im Namen der Frauenrechte. Die stillen Heldinnen des Alltags schreien nicht nach Rechten, sondern erfüllen oder übererfüllen Pflichten. Dafür schätzt man sie. Dass sie trotz schlechter Rahmenbedingungen nicht aufgeben. An den Rahmenbedingungen rütteln sie nicht. Vielleicht, weil sie keine Kraft und keine Zeit dafür haben. Aber wer Frauenrechte voranbringen will, muss an den Rahmenbedingungen rütteln.

Das Hohelied auf die stillen Heldinnen – und Helden – des Alltags ist viel zu oft nur ein Lobpreis auf Retro-Geschlechterrollen und Unterwürfigkeit in einer Klassengesellschaft, in der jede und jeder auf ihrem oder seinem Platz bleibt, ohne die Platzzuweisung oder die Ausgestaltung der Plätze infrage zu stellen.

Gerade sind wir wieder heilfroh, dass die stillen Heldinnen und Helden des Alltags ohne aufzumucken ihre oft mühseligen Pflichten erfüllen. Plötzlich wird offenbar, welche Tätigkeiten „systemrelevant" sind und welche eher nicht. Ich zitiere einen Hinweis auf Twitter: Wer wird wohl unsere Supermarktregale morgen wieder auffüllen? Ein Tipp: Die Börsianer sind's nicht.

Dass sich die Supermarktangestellten, Pflegerinnen, Trucker und BusfahrerInnen, das Reinigungspersonal, aber auch die Ärztinnen und Ärzte im Dauereinsatz, sei es in Spitälern oder Kassenordinationen, vom Dank, der ihnen nun virtuell entgegenschlägt, real nichts kaufen können, wurde bereits vielfach angemerkt. Noch vor Kurzem, als die Angehörigen der Pflege- und Sozialberufe auf die Straße gingen, um wenigstens eine Minderung ihrer Arbeitszeit durchzusetzen, stießen sie bei den Verantwortlichen auf beinharte Ablehnung. Drei Stunden weniger Arbeitszeit pro Woche, das wären ja 8,6 Prozent Lohnerhöhung – unmöglich! So viel gebe das Budget nicht her. Inzwischen gibt das Budget zum Glück eine ganze Menge her, um die Corona-Krise wirtschaftlich abzufangen, und das ist auch gut so, aber was davon bei den stillen Heldinnen und Helden ankommen wird, ist nicht bekannt.

Tatsächlich sollten die stillen Heldinnen und Helden nicht länger still bleiben, sondern laut und fordernd werden. Was längst fehlt, ist eine Neubewertung der Arbeit, die in dieser Gesellschaft geleistet wird, und eine entsprechende Verteilung der Wertschöpfung, die sie generiert. Einmalige Bonuszahlungen für Handelsangestellte sind besser als gar nichts, ändern aber nichts am System.

Viel ist vom Umdenken die Rede, das die Corona-Krise nach sich ziehen wird. Das wird aber vermutlich nicht ohne Lärm gehen. Soziale Gerechtigkeit entsteht nicht im Vertrauen auf eine Evolution, sondern durch politische Gestaltung.

Inhaltsverzeichnis

Danksagung

Es ist Zeit, danke zu sagen, endlich. Seit vielen Jahren arbeite ich von daheim aus, Home Office heißt das jetzt auf Denglisch, und es fiele mir oft schwer, wenn nicht ein Netzwerk von Menschen mich unterstützte. Deswegen danke ich Inge und Franz Neubauer sowie Christine Sehorst, den hilfsbereitesten NachbarInnen, die frau sich wünschen kann. Sie sind immer erreichbar, haben ein Auge auf mein Haus, füttern meinen Kater, wenn ich unterwegs bin, und geben mir Sicherheit und Geborgenheit. Franz danke ich außerdem für seinen nimmermüden Beistand bei technischen Problemen aller Art. Das heißt, müde ist er vielleicht schon, und ich hätte ihn gern durch eine passende Partnerwahl von dieser Rolle befreit, aber leider, was soll ich sagen, Willi, dem ich dieses Buch liebevoll zugeeignet habe, steht den Rätseln der Elektronik noch staunender gegenüber als ich.

Gerne möchte ich auch – mit Verzögerung, aber von Herzen – Anneliese Schaunig danke sagen, die mir mit ihrem leider viel zu früh verstorbenen Mann Pepi zur Seite gestanden ist, als meine Mutter schwer krank und mein Haus samt Office eine Baustelle war, sowie Mechthild Yvon, die mir damals selbstlos ihre Wohnung zur Verfügung gestellt hat. Und ich danke Regina Beer, Andrea Brunner, Christine Moser und Brigitte Futterknecht, die mir ebenfalls geholfen haben, durch diese schwierige Zeit zu kommen. Sie alle haben dazu beigetragen, dass ich meine kleine Werkstatt weiter betreiben konnte.

Ich danke meinen ärztlichen Freundinnen Liesl Pittermann und Karin Gutierrez dafür, dass sie mir zu jeder Zeit medizinische Fragen aller Art beantworten, und meinen

Freundinnen Helene Klaar und Anna Sporrer für juristische Auskünfte und Unterstützung, wann ich immer ich sie brauche.

Ich danke auch allen anderen, die mir ihr Wissen bei Bedarf zur Verfügung stellen, und bitte um Nachsicht, wenn ich das pauschal tue, weil die Liste sonst zu lang würde. Aber seid versichert: Ich weiß, was ich an jeder und jedem Einzelnen von euch habe.

Dank an Peter Michael Lingens, der vor 36 Jahren meine Kolumne in „profil" etabliert hat, und an Christian Rainer, der die Unabhängigkeit meiner Ansichten nie in Frage stellt.

Und natürlich danke ich meiner Tochter Julia, meinem hinreißenden Enkelsohn Vinzent und meinem Schwiegersohn Stefan für Liebe und Inspiration.